교회사 방법론

기독교와 역사서술

김태식 지음

교회사 방법론 —기독교와 역사서술

지은이	김대식
펴낸이	정덕주
발행일	2016년 10월 28일 발행
펴낸곳	한들출판사
	서울시 종로구 대학로 19(기독교회관 1012호)
	등록 제2-1470호. 1992년
홈페이지	www.handl.co.kr
이메일	handl2006@hanmail.net
	전화 02-741-4070
	전송 02-741-4066

ISBN 978-89-8349-702-4 93230

* 잘못된 책은 바꾸어 드립니다.

교회사 방법론

기독교와 역사서술

김태식 지음

하늘출판사

머리글

　각 학문 영역마다 그 학문의 목적, 주요 개념과 원리, 교육방법 등을 다루는 과목이 있다. 교육학에서는 교육철학이, 심리학에서는 심리철학이, 정치학에서는 정치철학이, 철학에서는 역사철학이, 자연, 예술 등의 분야에서는 아름다움의 본질이나 형태를 연구하는 미학이, 신학에서는 신학적 방법론이, 심지어 과학에서 조차도 과학철학이라는 분야가 있다. 이런 점에서 역사철학은 역사의 본성, 연구의 목적, 연구방법, 서술방법 등 역사학 연구의 가장 기본적인 역사의 의미와 방법론을 연구하는 학문이다.

　이러한 원리가 그대로 교회사연구에 적용된 분야가 교회사연구방법론(Methodology of Church History) 혹은 역사서술(Historiography)로 알려진 분야이다. 역사철학의 한 분야라고 말할 수 있는 이 분야는 개별적인 역사 사실을 다루기보다는 교회사 전반에 걸친 연구 원리와 방법, 그리고 특히 교회사가 서술된 이래로 현재까지의 교회사가들의 역사를 통시적이며 거시적으로 연구하는 학문이다. 다시 말해서, 교회사연구의 기본 원리와 방법과 함께 교회사가들의 인식에 대한 변천과정의 역사를 연구하는 학문이라고 말할 수 있다.

저자가 이 분야에 관심을 가지게 된 계기는 미국 유학시절 박사과정에서 교회사방법론이라는 세미나를 듣게 된 이후였다. 이 세미나를 통해 1930년대에 미국 역사학계와 교회사학회 사이에 역사서술의 객관성문제가 첨예한 논쟁주제였다는 사실에 흥미를 갖게 되었고 특히 침례교목사로서 예일대학교에서 동아시아(특히 극동)의 기독교 역사와 선교사를 강의하며 수많은 저서를 남겼던 케넷 스캇 라투렛에 관심을 가지게 되었다. 따라서 라투렛과 정반대의 견해를 주장했던 일반 역사학자인 칼 로투스 베커도 연구하지 않을 수 없었고 이 두 사람은 곧 저자의 학위논문의 주제가 되었다. 이 책의 모든 내용은 저자의 박사학위 논문을 읽기 쉽게 수정하여 저술되었음을 밝혀둔다.

라투렛 박사는 우리에게는 초대 연세대학교 총장과 초대 문교부장관을 역임하셨던 백낙준 박사(1895-1985)의 지도교수로 더 잘 알려져 있다. 지금까지 라투렛에 대한 국내의 연구와 번역서는 《폭풍을 넘어》(*Christianity through the Ages*, 1965, 서정민 역, 한들출판사, 1999), 《기독교의 역사》(*Christianity through the Ages*, 1965, 허호익 역, 대한기독교서회, 1986), 《기독교사》(*A History of Christianity*, Vol. I-Vol. III, 1953, 윤두혁 역, 생명의 말씀사, 1979-83), 특히 지난 2015년 봄 제7회 아시아기독교사학회 정기학술대회는 "라투레트와 아시아 기독교사"라는 주제로 이재근, 홍이표, 설충수, 최재건, 이용민, 김칠성 교수님들이 라투렛의 교회사 방법, 교회사와 선교의 역사의 장단점을 심도 있게 연구, 발표하였다. 라투렛을 연구한 저자로서는 기쁘지 않을 수 없었다.

이 책은 기존의 교회사연구방법과 달리 사회학적인 연구방법에서 교회사를 서술하려고 시도했던 라투렛의 서술방식을 다루고 있다. 기존의 교회사가 영적이며 심리학적인 접근방법을 취한 반면 사회학적인 방법은 인구, 정치, 사회, 문화적인 모든 가능한 요소들을 기초로 기독교의 역사를 보다 객관적, 과학적으로 분석, 서술하려는 새로운 흐름이라고 말 할 수 있다. 이러한 점에서 최근의 역사연구는 과거의 거시적이며 통시적인 접근방법보다 세세한 각 주제에 따른 미시적인 역사연구와 서술이 주류를 이루게 되었고 이로 인해 역사의 지평이 한 컷 넓어지게 되었다.

조그마한 책이 이렇게 출판되기 까지 수많은 분들의 사랑과 관심이 있었음을 먼저 밝혀야 할 듯하다. 한 평생 저자를 위해 희생과 기도해주신 아버님이신 김홍진 장로님, 어머님 이소저 권사님, 장인 김천수 목사님, 오옥남 장모님, 세종 수산교회 성도님들, 그리고 사랑으로 묵묵히 후원하며 인내해준 아내 김은영 사모, 딸 나영, 시온에게 늘 미안한 마음과 사랑의 마음을 전하고 싶다. 또한 언제나 격려와 관심으로 귀한 추천사를 써주신 교수님들과 열악한 출판 환경 속에서도 기꺼이 출판을 허락해주시고 꼼꼼히 편집까지 해주신 한들출판사의 정덕주 사장님께 진심으로 감사드린다.

아무쪼록 부족한 부분은 차후에 수정, 보완할 것을 약속드리며 교회사 연구방법론의 이해를 위해 이 조그마한 책이 약간의 길잡이가 될 수 있다면, 저자로서는 더 없는 기쁨이 될 것이다.

2016년 10월 노은동에서
저자 김태식

 # 추천사

장수한 교수(침례신학대학교 교회사)

교회사 연구에서 가장 어려운 점 중 하나는 역사서술의 객관성을 확보하는 문제일 것이다. 김태식 박사의 《교회사 방법론: 기독교와 역사서술》은 이 문제를 정면으로 다룬다. 특히 베커의 역사적 상대주의와 라투렛의 역사적 객관주의를 그들의 저작과 논술을 살펴봄으로써, 교회사 연구자들이 어떻게 역사의 객관성에 도달할 수 있는지를 진지하게 묻고 있다.

베커는 랑케의 주장대로 "원래 있었던 그대로" 역사를 기술하는 것은 불가능하다고 본다. 그는 "역사란 과거에 일어났던 사건들에 관한 지식"이라고 정의하고 객관적 역사서술에 의문을 제기함으로써, 역사서술의 상대성을 강조한다. "모든 역사는 현대사이다"라고 선언한 콜링우드나 크로체를 연상시키는 주장이다.

이에 반해, 교회사 연구에서 두드러진 성과를 낸 라투렛은 '그리스도인의 시각'으로 '기독교의 역사'(교회의 역사가 아니다)를 이해할 것을 주문한다. 나아가 그는 예수의 영향력을 확인하기 위해 기독교의 지리적 확장, 새로운 운동의 출현, 기독교의 도덕적 영향력, 기독교와 문화의 상호작용 등을 다룬다. 이를 통해 그는 기독교의 역사를 객관적으로 서술하는 것이 어느 정도 가능하다는 입장을 보인다. 물론 그의 《기독교 팽창사》는 다양한 비판을 피할 수 없었지만 말이다.

이 책에서 다룬 두 사람의 서로 다른 견해는 기독교 역사연구자라면 누구나 한 번 쯤은 짚고 넘어가야 할 문제이자 동시에 보편성을 지닌 기독교 역사 서술에 필요한 관점을 제공하고 있다. 이 점에서 김 박사의 연구는 기독교 역사 연구자들 그리고 역사를 공부하는 학생들에게 역사방법론과 역사 이해를 재점검하는 소중한 기회를 제공할 것으로 보인다.

한편, 이미 오래 전부터 서유럽 역사학계에서는 일상사(日常史)와 문화사 등 대단히 미시적인 역사 서술이 새로운 대안으로 주목받고 있다. 김 박사가 이 책에서 한 걸음 더 나아가 이 새로운 경향들을 기독교 역사연구에 접목하는 새로운 연구에 도전해 주기를 기대한다.

추천사

박창훈 교수(서울신학대학교 교회사)

종교사회학 등 교회사에 유용한 새로운 시각을 소개하면서, 한국 신학계에 중요한 학문적 기여를 이어오고 있는 저자가 이번에는 본격적으로 역사와 역사가 그리고 역사서술에 대한 전반적인 개괄서를 우리에게 선물하였다. 이 책에서 저자는 역사적 사실들을 기술하는 과업은 "어느 정도의 객관성을 갖고 있는 것이냐?"라는 랑케 이후의 사학연구의 문제의식을 추적하면서, 역사학의 발전과정을 소상히 살피는 것에 집중하고 있다. 역사학은 궁극적으로 기억에 의존하기에 절대적 객관성을 갖고 있다고 할 수는 없으나, 그렇다고 결국 아무것도 모른다는 상대주의나 허무주의의 수렁에 빠지는 것도 아니라는 것이다.

역사가는 현재 자신의 건전한 시각을 통해 역사 자료를 선택하여, 재구성하고 해석을 가하는 작업을 하는 것이며, 이 때 역사가는 과거와 현재의 끊임없는 대화를 시도하는 과정에 들어서는 것이다. 그러므로 저자에 따르면 역사학은 역사적 실재에 성실하게 접근하여 그 실체를 수렴하는 과정에 있는 것이다. 그런 의미에서 역사학은 기존 사건을 재구성하는 것뿐만 아니라, 미래의 일을 시작하는 작업이기도 한 것이다.

특히 기독교 역사학은 저자에 따르면 신앙의 눈으로 역사를 살피면서, 교회의 확장, 문화, 사회와의 상관관계 등을 면밀히 분석하는 작업이며, 그런 의미에서 하나님의 섭리를 간접적으로 제시하려는 학문이 된다. 이를 위해 저자는 유럽의 사학·교회사와 함께, 미국의 교회사의 발전과정을 공부해야 할 필요성과 그 이유와 그 과정을 소상하게 알려주고 있다. 결국 교회사는 현대 세계를 구성하고 있는 다양한 구성 요소들, 즉 문화적 다양성, 다인종상황, 자본주의, 정치학, 성차별, 교파, 아울러 다종교 상황 등을 살피는 총체적인 학문임이 드러난다는 것이다.

저자에 따르면, 교회사가의 임무는 결국 방대한 자료와 다양한 해석의 가능성 속에서 항상 겸손하게 연구를 하는 것이며, 언제나 자신의 시각을 바꿀 준비를 하는 열린 마음의 소유자가 되는 것이다. 만약 그렇게 할 수만 있다면, 교회 역사 자체가 오히려 먼저 교회사가에게 자기의 이야기를 시작하며 말을 걸어오는 놀라운 학문적 체험을 하게 된다.

이 책을 통해 저자의 노고에 깊이 감사하면서, 역사 특히 교회사에 관심을 가진 학생들과 신자들이 망각과 왜곡에 대한 기억의 싸움을 진지하게 시작하기를 간절히 소망한다.

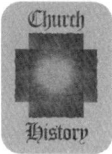

추천사

정연홍 교수* (충남대 명예교수, 전 한국화이트헤드학회회장)

철학은 인간과 세계의 현상과 그 현상 너머에 있는 본질을 추구하는 학문으로, 존재, 지식, 가치, 이성, 인식 등 존재하는 모든 것의 본질과 가치를 다루는 학문이다. 이러한 점에서 역사철학도 그 대상만 다를 뿐이지 연구방법은 철학과 동일하다고 말할 수 있다. 역사철학의 한 분야라고 말할 수 있는 교회사 연구방법 혹은 교회사 서술도 드러난 역사적 사실 이면의 교회사가들의 역사 인식을 다루고 있다는 점에서 교회사연구의 가장 기본적인 영역이라 생각한다.

학부와 대학원과정에서 엄격하게 철학훈련을 받고 이어서 신학교에서 교회사(역사신학)를 전공한 저자가 역사철학의 연구방법과 신앙에 기초한 기독교적 시각을 종합한 연구물을 출간하게 된 것을 기쁘게 생각하며, 신앙과 학문의 조화를 이루고자 한 저자의 의도가 일반 역사가들과 신앙인들에게 전달되기를 희망하며 기꺼이 추천한다.

---

* 정연홍 교수(충남대학교 철학과 명예교수, 한국화이트헤드학회, 대한철학회, 새한철학회, 한국동서철학회 회장 역임).

 추천사

김승진 교수(침례신학대학교 교회사)

역사(history)를 가장 간단하게 "사실들(facts)과 그 사실들에 대한 해석(interpretation)"이라고 정의내릴 수 있다고 생각합니다. 사실들에 근거하지 않은 역사는 역사가 아니라 신화(mythology)일뿐입니다. 또한 사실들에 근거하지 않고 해석만 해놓은 것은 역사가 될 수 없습니다. 동시에 해석이 없는 역사는 역사가 아니라 연대기(chronology)일 뿐입니다. 사실들만을 연대별로 나열해 놓았다고 해서 자연히 역사가 되는 것은 아니고 역사가의 적절한 해석이 있어야 역사가 되는 것입니다.

그런데 "사실들"이란 "실제로 일어났던 일들"이라는 뜻입니다. 과거에 일어났던 사실들에 인간적인 조작이나 왜곡이 개입된다면 이미 그 사실들은 오류의 오물이 끼어든 사실들이 될 것입니다. 그래서 사실들은 정확해야 하고(accurate) 신뢰할만 해야 합니다(reliable). 정확하지도 않고 신뢰할만 하지도 않은 사실들에 근거하여 기록된 역사는 결코 건전한 역사라고 말할 수 없습니다. '해석'은 역사가의 몫입니다. 역사가가 해석을 할 때에는 역사가의 주관적인 판단과 주관적인 추리와 주관적인 가치관 등이 개입하지 않을 수 없습니다. 그렇기 때문에 역사가는 편파적이지 않고(impartial) 객관적인(objective) 입장을 견지하며 역사를 써야 합니다. 그렇게 쓰지 않은 역사는 결코 건전한 역사라고 말할 수 없습니다.

역사학의 역사를 살펴보면 결국 '사실들'을 강조했던 시대가 있었는가 하면 '해석'을 강조했던 시대가 있었습니다. 본서에서도 설명되어 있듯이, 근대의 과학적 역사서술을 강조했던 독일의 실증주의 역사학자 레오폴드 폰 랑케(Leopold von Ranke, 1795-1886)는 역사가의 가장 중요한 임무는 사실들을 "원래 일어났던대로"(wie es eigentlich gewesen, as it originally happened) 제시해 주는 것이라고 주장했습니다. 그러면서 그는 역사학자는 철저하게 감정이나 주관적인 편견을 자제한 냉혈학자(bloodless scholar)가 되어야 한다고 했습니다. 다시 말해서 역사가는 편파적이지 않은 객관성(objectivity)을 유지해야 한다는 점을 강조했습니다.

그런데 역사학이 자연과학이 아니라 인문과학의 영역에 속해 있기 때문에 완벽한 '객관성'을 견지한다는 것이 결코 간단한 일이 아닙니다. 그래서 수많은 역사학자들이 가능한 한 충분하게 "객관성"을 견지하기 위해서 고민했고, 그것을 이론화하는 작업을 해 왔습니다. 이러한 작업이 바로 역사학의 역사라고 말할 수 있습니다.

이번에 김태식 박사가 저술한 《교회사 방법론: 기독교와 역사서술》은 바로 역사서술에 있어서 "객관성을 어떻게 담보할 것이냐" 하는 문제에 천착하여, 구미의 여러 학자들의 견해들을 잘 정리하고 요약하여 제시해주고 있는 책입니다. 아무나 쉽게 다룰 수 있는 내용이 아닌 주제를 독자들이 가능하면 용이하게 이해할 수 있도록 쓰기 위해서 노력한 흔적을 읽을 수 있습니다.

특히 이 분야에 있어서 상호 대비되는 대표적인 두 역사학자, 칼 로투스 베커(Carl Lotus Becker, 1873-1945)의 입장과 케넷 스캇 라투렛(Kenneth Scott Latourette, 1884-1968)의 입장을 자세하게 언급하면서 역사학의 큰 흐름을 보여주고 있습니다. 베커는 역사에 대한 상대주의적인 견해를 견지하면서 "역사는 말해지고 행해진 것들에 대한 기억이기 때문에" 어차피 주관적일 수밖에 없다는 주장을 하고 있습니다. 이에 대해 중국에서의 선교 경험을 가지고 있던 라투렛은 비록 절대적인 과학적 객관성을 주장하지는 않았지만, "기독교의 역사를 쓰면서 합리적으로 지지할 수 있는 객관적 증거에 입각한 역사를 써야 한다"는 주장을 하고 있습니다.

이 책은 역사철학이나 역사서술의 방법론이라는 주제를 진지하게 다루고 있습니다. 우리는 이 책을 통해 서구의 수많은 역사가들을 만날 수 있으며, 만약 우리가 마음의 문을 열고 있으면 그들의 독특한 주장들을 이해하고 분별할 수 있게 될 것입니다. 기독교인이든 아니든 역사와 역사학 그리고 역사철학에 관심을 가진 진지한 독자들에게 필독할 것을 권하고 싶은 책이기에 추천합니다.

추천사

배덕만 교수(기독연구원 느헤미야, 교회사)

정부 주도 하에 추진된 '역사교과서 국정화' 때문에, 역사에 대한 국민적 관심이 그 어느 때보다 높습니다. 특정한 이념과 이해를 기반으로 역사를 서술하거나 통제하려는 전근대적 시도에 대해, 전문학자들을 포함한 다수의 국민들이 강하게 반발했습니다. 역사가 단지 과거에 대한 기억이 아니라, 현재와 긴밀히 연결된 현실이기 때문이며, 올바른 서술과 교육을 위해 역사적 사건과 사료에 대한 객관적·과학적 연구, 그리고 그것의 논리적 해석과 합리적 적용을 위한 치열한 노력이 필요하기 때문입니다.

동일한 문제의식이 교회사 서술에도 적용될 수 있습니다. 교회사도 본질적으로 역사이기 때문입니다. 하지만 교회사는 일반역사와 분명한 차이를 지닙니다. 하나님의 존재를 전제하고, 하나님을 역사의 주체로 고백하는 교회가 연구와 서술의 대상이기 때문입니다. 따라서 교회사와 일반 역사 사이에는 공통점과 차이점이 공존합니다. 동시에, 교회사의 본질과 역할을 학문과 신앙의 관점에서 바르게 이해하고 실천하는 것은 매우 중요하면서 난해한 과제입니다.

이런 맥락에서, 김태식 박사의 《교회사방법론: 기독교와 역사서술》은 역사에 관심 있는 일반인들과 특별히 교회사에 관심 있는 그리스도인들 모두에게 흥미롭고 유용한 안내서가 될 것이다. 김태식 박사는 불가지론자이자 상대론자인 칼 로투스 베커와 객관적 교회사 서술을 추구했던 케넷 스캇 라투렛을 상세하게 소개·분석·비교함으로써, 역사서술을 둘러싼 다양한 입장과 논쟁에 대한 정보를 제공하고, 일반 역사서술과 교회사 서술의 공통점과 차이점을 명확히 지적합니다.

이로써, 독자 일반은 현대 역사학의 주된 흐름 속에서 교회사의 고유한 위치와 독특한 기능을 명확히 감지하고, 교회사가들은 자신들에게 주어진 시대적 사명과 학문적 과제에 대해 깊이 성찰할 기회를 얻을 것입니다. 저자의 수고에 깊이 감사드리며 독자들의 일독을 권합니다.

차례

저자의 글 - 005
추천사 - 008

제1부 역사 서술과 주요 문제들

제1장 역사 서술과 역사가들
1. 역사 서술의 정의와 그 역사 - 023
2. 랑케 이전의 역사가들 - 027
3. 랑케 이후의 역사관과 후대에 끼친 영향 - 030
4. 랑케 이후 객관적 역사서술의 문제 - 034

제2장 역사 서술과 기본 원칙들
1. 객관성의 가능성 문제 - 037
2. 기본적인 용어들 - 042
3. 역사 서술 연구의 한계와 중요성 - 046

제3장 역사 서술에 대한 주요 역사가들과 주요 사상들
1. 주요 이론의 소개 - 049
2. 1876-1918년 미국 역사서술의 유형들(확실성, 과학시대의 교회사) - 059
3. 1918-현재까지의 미국 역사서술의 유형들(불확실성 시대의 교회사) - 063

제2부 칼 로투스 베커의 역사서술

제1장 베커의 생애와 사상 형성
1. 일반적인 평가 - 073
2. 베커의 생애와 학창시절 - 078
3. 위스콘신대학시절 - 079
4. 콜롬비아대학 시절 - 081
5. 터너의 영향 - 083
6. 제임스 하비 로빈슨의 영향 - 092

제2장 베커와 역사적 상대주의
1. 베커의 저서들과 주요 내용 - 099
2. 역사적 사실의 본성 - 102
3. 역사적 사실의 위치 - 106
4. 역사적 사실의 시간 - 108
5. 결론: 평가 - 113

제3부 케넷 스캇 라투렛의 역사 서술

제1장 라투렛의 생애와 사상 형성
1. 일반적인 평가와 그의 저서들 - 123
2. 초기 생애와 교육 - 125
3. 선교사시절 - 129
4. 예일대와 다른 학교에서의 교수생활 - 130
5. 라투렛의 포스트모던 상황 - 136

제2장 라투렛과 역사적 객관주의
1. 상대주의에 대한 라투렛의 반응과 신앙의 필요성 - 143
2. 라투렛의 역사서술의 방법 혹은 새로운 시각:
   전체적, 혹은 지구적인 견해와 신학적인 견해 - 148
3. 역사에 대한 그리스도인의 이해 - 1154
4. 복음의 본질 - 156
5. 기독교와 복음의 관계 - 157

제3장 객관성의 증거로서의 예수의 영향력
1. 기독교의 지리적 확장 - 163
2. 새로운 운동의 출현 - 166
3. 도덕적 영향 - 169
4. 기독교와 문화의 상호 영향력 - 170
5. 결론: 평가 - 174

제4부 주요 내용 요약과 역사가의 임무
제1장 주요 내용 요약 - 181
제2장 역사가의 임무 - 187

참고문헌 - 191

제1부
역사 서술과 주요 문제들

제1장
역사서술과 역사가들

1. 역사서술의 정의와 그 역사

"역사가 중요해!"(History Matters!) 인류의 역사에서 역사 문제만큼 많은 논란거리를 제공한 주제도 드물 것이다. 프랑스의 시인, 수필가, 철학자로 12년 동안 줄곧 노벨문학상 후보로 추천되었던 폴 벨러리(Ambroise-Paul-Toussaint-Jules Valery, 1871-1945)는 "역사는 지성인이 만들어내는 화학물질들 가운데 가장 위험한 것이다"라고 말한바 있다.[1] 이 말은 역사가 올바르게 사용될 때에는 인류에 선한 영향력을 끼칠 수 있지만 그렇지 않을 때에는 오용될 수 있으며 그 피해는 이루 말할 수 없다는 점을 지적한 일종의 경구라고 볼 수 있다. 역사를 둘러싸고 벌어진 주제들은 역사가 무엇인지(정의), 역사를 어떻게 해석해야 하는지(해석), 그리고 역사를

---

1) David O Brien, "American Historiography and American Culture," *Cross Currents* 20, no. 3 (summer 1970): 313.

어떻게 서술해야 하는지(역사기록)의 문제를 중심으로 논란을 벌여왔다.

19세기에 사실에 기반을 둔 역사연구의 토대를 마련한 근대 역사학의 아버지로 일컬어지는 독일의 역사가인 레오폴드 폰 랑케(Leopold von Ranke, 1795-1886)가 역사서술은 "있었던 그대로의 것"(영어로는 as it essentially was, 독일어로는 wie es eigentlich gewesen)이어야 한다고 주장하기까지, 전통적인 역사 서술은 단순히 "기록들의 모음" 혹은 "스토리텔링"으로 간주되었다. 하지만 랑케는 자신의 역사 연구에서 역사적인 기록들을 분석하고 평가하는 철학적인 방법을 채택하고, 역사 기록의 본질을 추구하면서 "있엇던 그대로의 과거"를 밝혀내기 위해 새로운 방법들을 도입함으로써 역사연구의 새로운 시대를 열었다는 평가를 받게 되었다.[2]

 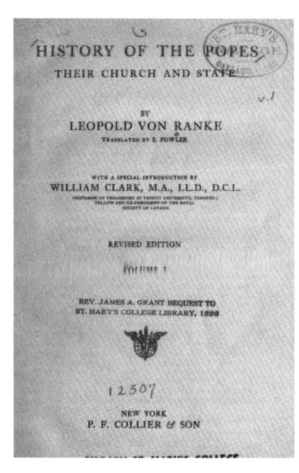

레오폴드 폰 랑케　　　　　교황들의 역사(1901)

과거를 "있던 그대로의 역사"로 재구성하기 위해, 랑케는 자신의 방법을 "정확한 탐구, 순차적인 이해, 문서 침투"(exact research, step-by-

---

2) Theodore H. Von Laue, *Leopold Ranke: The Formative Years* (Princeton: Princeton University Press, 1950), 25-6.

step comprehension, and penetration of document)로부터 시작하여 "전체 인류역사 탐구"(the divination of the totality of human history)로 이동했다.[3] 문제는 랑케의 이러한 역사적인 방법들의 특징이 무엇이었는가?인데, 랑케의 생애와 그의 학문적인 특징을 "과학적인 객관성"(scientific objectivity)으로 보고 있는 데오도어 로우(Theodore H. Laue, 1916-2000)는 랑케의 역사에 대한 접근 방법에는 두 가지 수준의 종합이 있었다고 주장했다.

로우에 따르면, 랑케는 먼저 '관념'(idea)을 파악하기 위해 "중간에 종합"(an intermediary synthesis)을 시도하였는데 이러한 방법은 그의 대표적인 책들 가운데 하나인 《교황들의 역사》(*The History of the Popes: their church and state*)에서 시도되었다. 이곳에서 랑케는 사물들(혹은 사건들)에 공통적으로 적용되는 인과관계(a general connection of things)는 단순한 모음으로부터 나오지 않는다고 생각했기 때문에 보편역사(universal history)는 "국가의 역사들을 단순히 모은 것"으로부터는 이끌어 낼 수 없다는 결론에 도달하여 그 다음 단계인 "관념들의 상호작용에 대한 관찰"(the contemplation of the interaction of the ideas)로 이동했다. 이 두 번째 방법을 통해, 랑케는 보편역사, 즉 "우주에 대한 직관적인 이해"(the intuitive understanding of the cosmos)에 도달할 수 있다고 주장했다.[4]

그런데 중요한 점은 랑케가 "백과사전처럼 단순히 역사적인 지식들을 모아 놓은 것"으로부터 보편역사를 이끌어 내는 것은 불가능하다고 생각하며 역사들의 본성을 찾기 위해, 역사적인 기록들에서 감정, 가치 판단, 도덕적인 판단과 같은 주관적인 측면들을 완전히 배제시켰다는 것이다.[5]

---

3) Ibid., 122.
4) Ibid.
5) Leopold Ranke, *Universal History: The Oldest Historical Group of Nations and the Greeks,* ed. G. W. Prothero (New York: Harper & Brothers, 1885), x-xi; Laue,

역사서술(historio-graphy)이라는 학문 분야는 일종의 교회사 연구 방법론으로 역사가 어떻게 과거부터 지금까지 기록되어 왔는지 혹은 어떻게 현재 기록되고 있는지를 연구한다. 그러므로 역사서술의 학문적인 대상은 과거에 발생한 일을 직접적으로 다루지 않고 오히려 역사가들에 의해 과거부터 쓰여져 온 것, 즉 역사서술의 역사를 연구하는 것(the study of the history of historical writing)이라고 정의할 수 있다.

그의 의도는 정확한 기록들(문서들)에 대한 역사비평을 통해 모든 사실들을 밝히는 것이었으며, 이 사실들이 "그들 스스로 말하게 하는 것"(speak for them-selves)이었다. 다시 말해서 역사적 사실들은 자료들 속에 원래 있었던 그대로 존재한다고 랑케는 생각했다. 에드워드 H. 카(Edward Hallet Carr, 1892-1982)는 1830년대의 이러한 랑케의 노력들을 "역사를 도덕적으로 해석(설명)하는 것에 대한 진정한 항거"였다고 평가하고[6] 랑케학파 역사가들의 목표는 "있는 그대로의 역사"(what history really is)를 보여주는 것이었다고 주장했다.[7]

역사적으로 사고한다는 것은 실제로 발생했던 일(what really happened)이나 문자적으로 말하자면 그것이 실제로 과거에 어떠했는지(how it really was in the past)에 관심을 갖는 것이다. 그러므로 역사적으로 사고한다는 것은 오직 존재하는 기록들을 '사건들 자체의 일부로' 간주하게 된다는 문제에 바로 직면하게 된다. 그러므로 역사가는 1차 기록들, 2차 기록들, 3차 자료들을 보니고 체계화할 수밖에 없다.[8] 이와 관련하여 기존에 역사적인 사실들을 탐구하는 역사학과 달리 역사서술(historiography)이라는 학문 분야는 일종의 교회사 연구 방법론으로 역사가 어떻게 과거부터 지금까지 기록되어 왔는지 혹은 어떻게 현재 기록되고 있는지를 연구한다. 그러므로 역

Leopold Ranke, 122.
6) Edward Hallett Carr, *What is History?* (New York: Vintage Books, 1961), 5.
7) Ibid.
8) Robert V. Daniels, *Studying History: How and Why* (Englewood Cliffs, NJ: Prentice-Hall, INC., 1966), 66.

사서술의 학문적인 대상은 과거에 발생한 일을 직접적으로 다루지 않고 오히려 역사가들에 의해 과거부터 쓰여져 온 것, 즉 역사서술의 역사를 연구하는 것(the study of the history of historical writing)이라고 정의할 수 있다.

2. 랑케 이전의 역사가들

서구의 역사에서 첫 번째 유명한 역사가들은 그리스 역사가들(대략 484-420 BC)과 투키디데스(Thucydides, 대략 460-395 BC)였다. 이들은 역사의 의미에 대해 중요한 개념들을 제공했는데, 이들은 눈으로 직접 본 설명이나 다른 믿을만한 증언에 기초해 역사들을 서술했다. 실례로, "역사의 아버지"로 불리는 헤로도투스(Herodotus, 대략 484-425 BC)는 믿을만한 사료들에 기초하여 뛰어나고(skillful) 생생한(vivid) 이야기를 서술했다.[9]

헤로도투스의 《역사》

---

9) Herodotus, Histories, Book I, 1-5.3.

투키디데스와 그의 책

　미국의 유명한 법률가, 교수, 수많은 서적들을 출판한 루터교 신학자인 존 W. 몽고메리(John Warwick Montgomery, 1931-)는 투키디데스의 작품들을 보면 그가 얼마나 문학 스타일과 스토리텔링의 기술들에 대해 아주 잘 섭렵했고 그의 지적인 호기심 또한 얼마나 뛰어났는지를 살펴볼 수 있다고 평가했다.[10]

　투키디데스는 "초월적인 설명들"(supernatural explanations)을 거부하고, 믿을만한 자료들을 추구했다는 점에서 "과학적 역사의 아버지"(the father of scientific history)라고 불렸다. 투키디데스는 자신의 책에서 이렇게 주장했다.

　"나의 역사에서 사랑이야기의 부재는 관심을 불러일으키는 일에 방해가 될 것이라는 점이 나는 두렵다. 하지만 만약 역사가 미래를 해석하

---

10) John Warwick Montgomery, *The Shape of the Past: A Christian Response to Secular Philosophies of History* (Minneapolis, Minn.: Bethany Fellowship, INC, 1975), 38.

는 일에 도움이 되는 것으로서 과거에 대한 정확한 지식을 추구하는 탐구자들에 의해 판단 받는다면, 나는 만족할 것이다."[11]

헤로도투스와 투키디데스 이후의 역사가들은 과거에 대해 참된 이야기들을 말하려고 노력했다.[12]

하지만 고대세계에서 역사는 다른 학문들에 의해 그렇게 높게 존중받지 못했다. 특히 아리스토텔레스는 역사를 시나 철학보다 열등한 것으로 간주했다. 시인과 역사가의 차이점에 대해, 그는 "역사가는 이미 발생한 것에 관여하지만 시인은 발생할 수 있는 것, 즉 보편적인 것(what is typical)을 표현"하기 때문에,[13] 시는 역사보다 더욱 철학적이며 중요하다고 주장했다. 시는 보편적인 것을 표현하나 역사는 단지 특별한 사건들만을 기술한다고 생각했기 때문이었다.[14] 이러한 견해는 19세기까지 계속되었다.[15]

"나의 역사에서 사랑이야기의 부재는 관심을 불러 일으키는 일에 방해가 될 것이라는 점이 나는 두렵다. 하지만 만약 역사가 미래를 해석하는 일에 도움이 되는 것으로서 과거에 대한 정확한 지식을 추구하는 탐구자들에 의해 판단 받는다면, 나는 만족할 것이다."

---

11) Thucydides, *The Peloponnesian War:* Book 1, chapter 1, 14-15, quoted in Clyde P. Greer, Jr. "Reflecting Honestly on History," in *Think Biblically: Recovering A Christian Worldview* (Wheaton, Ill.: Crossway Books, 2003), 263.
12) 여러 가지 정의에 대해서는 Gordon H. Clark, *Historiography: Secular and Religious* (Nutley, N.J.: Craig Press, 1971), 8-27를 보라.
13) Aristotle, *Aristotle on the Art of Poetry: An Amplified Version with Supplementary Illustrations*, rev. ed. (Ithaca, N.Y.: Cornell University Press, 1947), 31.
14) Aristotle, *Aristotle on the Art of Poetry*, 31.
15) C. T. McIntire and Ronald A. Wells, eds., *History and Historical Understanding* (Grand Rapids: William B. Eerdmans Publishing Company, 1984), 72.

3. 랑케 이후의 역사관과 후대에 끼친 영향

헤로도투스와 투키디데스 이후 비록 역사는 수많은 역사가들에 의해 계속해서 쓰여졌지만, 역사가들은 19세기에 새로운 역사적인 방법을 도입했던 랑케를 근대 역사서술의 시작으로 보고 있다. 랑케의 역사에 대한 접근 방법과 다른 역사가들의 차이는 무엇이었는가? 랑케식의 방법의 특징은 "세미나 방법을 통한 역사의 가르침"과 함께 근대의 '과학적' 역사서술이었다.[16] 레오나드 크리거(Leonard Krieger, 19018-1990, 지성사에 대한 미국 역사가)는 과학적인 역사에 대해서 랑케학파가 가지고 있었던 이상이 네 가지였다고 정리했다.

첫째, 역사가는 실제로 일어난 일을 말해야 한다. 이것은 일차적인 자료들을 비평적으로 사용함으로써 가능할 수 있다. 둘째, 역사가는 방해받지 않는 시각, 즉 간섭하고 왜곡시키는 이론들이 배제된 시각을 제공하는 "개별적인 사건들에 우선순위"를 두어야 한다. 셋째, 역사가는 각 세대가 "독특하고 평등한 가치(unique and of equal value)"를 가지고 있다고 생각해야 한다. 넷째, 역사가는 정치학의 중요성을 인식해야 한다. 이러한 점에서 랑케의 역사 연구방법은 근대의, 과학적인, 객관적인, 실증주의 역사의 모델이 되었다고 크리거는 평가했다.[17]

역사학계에서 랑케의 역사서술의 위치에 대해, 조지 G. 이거스(George G. Iggers, 1926- 뉴욕대학교 교수 출신으로 역사서술과 지성사 전문 역사가)는 다음과 같이 주장했다.

"역사적인 연구 방법과 그 본성에 대해서 독일 혹은 미국의 역사학

---

16) Laue, Leopold Ranke, 3.
17) Sheila Greeve Davaney, *Historicism: The Once and Future Challenge for Theology* (Minneapolis:FortressPress,2006), 27-30.

자들이 벌였던 거의 모든 중요한 토론들은 랑케의 연구 방법과 역사철학을 받아들일 것인가 아니면 거절할 것인가를 두고 벌어졌다."[18]

이거스는 랑케의 역사적인 사고방식에 대해 두 가지 반대되는 해석 혹은 평가를 연구했다. 그의 연구에 따르면, 랑케의 사후, 역사가들은 과학과 과학적인 방법들로부터 영향을 받았던 앤드류 화이트(Andrew White), 존 피스크(John Fiske), 헨리 아담스(Henry Adams)와 제임스 아담스(James Adams)와 같은 미국의 역사가들은 "자연과학의 법칙들과 유사한 일반 법칙들"을 과학적인 역사에 적용시켰다. 또한 예일대학교의 에드워드 본(Edward Gaylord Bourne, 1860-1908), 미시건대학의 찰스 캔달 아담스(Charles Kendall Adams, 1835-1902), 하버드대학의 애프레임 에머톤(Ephraim Emerton, 1851-1935)과 같은 역사가들도 역사가는 실제의 사건들에 대해 사실에 입각한 설명을 제시할 수 있다고 믿고, 이들은 모두 랑케를 "과학적 역사의 아버지"로 인정했다.[19]

"역사적인 연구 방법과 그 본성에 대해서 독일 혹은 미국의 역사학자들이 벌였던 거의 모든 중요한 토론들은 랑케의 연구방법과 역사철학을 받아들일 것인가 아니면 거절할 것인가를 두고 벌어졌다."

---

18) George G. Iggers, "The Image of Ranke in American and German Historical Thought," *History and Theory: Studies in the Philosophy of History* 2, no. 1 (1962): 17. 사실, 랑케는 과학적인 탐구와 보편사 두가지 모두를 추구했다. 그의 책 《보편사》에서 랑케는 "역사적인 비평의 법칙들"은 오직 역사라고 불릴 수 있는 비판적인 탐구의 결과들"(xii)이라고 생각했다. 그는 "우리가 그 용어를 이해하듯이, 보편사는 모든 시대들과 국가들의 사건들을 포함한다. 단지 그 사건들을 과학적으로 다루는 것이 가능하다는 조건하에서만"(x)이라고 주장했다. 보편사 연구의 목적은 " 모든 국가들이 함께 관련되어있고 그 국가들의 운명들을 통제할 수 있는 이러한 위대한 사건들의 연관성을 확인하고 그 결과들을 추적하는 것이다"(xi)라고 주장하며 랑케는 다음과 같이 결론내렸다. "비평적인 탐구와 지성의 일반화(intelligent generalization)는 상호 없어서는 안된다"(xiii). 그러나 랑케는 "완벽함은 도달 할 수 없지만 그 시도를 하는 것은 필요하다"고 주장했다"(xiii). Ranke, *Universal History*, x-xiii.

20세기 초반 미국 역사학계의 특징은 랑케의 과학적인 접근방법을 엄격히 고수하는 것이었다. 실례로, 1905년 조지 버튼 아담스(George Burton Adams)는 미국의 역사가들에게 '대학에서 암송하는 초기의 시스템'을 넘어 독일 대학들의 '역사적 비평방법'으로 나아갈 것을 촉구했다.

> (역사적 비평 방법의) 제일의 목적은 역사의 사실들(facts)을 가르치는 것이 아니라 그 사실들이 그것에 의해 결정되어야 하는 원자료(the raw material)를 다루는 올바른 방법들을 가르치는 것이다.

"(역사적 비평 방법의) 제일의 목적은 역사의 사실들(facts)을 가르치는 것이 아니라 그 사실들이 그것에 의해 결정되어야 하는 원자료(the raw material)를 다루는 올바른 방법들을 가르치는 것이다. 먼저 그 사실들의 특성과 가치를 판단하고, 그런 다음에 그것들이(사실들) 우리에게 이야기 해야 하는 모든 것들을 그 사실들로부터 이끌어내야 한다. 이것 이상은 없다. 또한 그 결과들에 수반되어 있는 가능성의 정도를 가능한 한 정확히 결정해야 한다. 그리고 마지막으로 그 결론들을 하나의 체계적이고 종합적인 전체에 이르도록 결합시켜야 한다." [20]

소위 "역사에 대한 신학대학원들의 방법들"에 대하여, 아담스는 세 가지 과정들, 즉 분석 혹은 비평, 비교와 종합, 에세이 혹은 서술로 분석했다. 그는 신학교 교육의 실제 목적은 역사를 탐구하는 사람들을 길러내는 것이라고 주장했다. [21]

미국의 역사가들은 랑케가 역사를 과학(science)으로 취급했다고 이해하며 랑케를 "과학적" 역사의 기초를 놓은 사람으로 간주했다. 실례로 로날드 H. 네시(Roland H. Nash, 1936-2006)는

---

19) Iggers, "The Image of Ranke," 18-23.
20) George Burton Adams, "Methods of Work in Historical Seminaries," *The American Historical Review* 10 (July 1905): 521-33. 특히 522를 보라.
21) 같은 책, 521.

과학적인 역사연구는 단지 역사의 사실들만을 추구하고 그 사실들로부터 가치들을 이끌어내려는 그 어떠한 시도도 하지 않았다고 평가했다.[22] 이러한 과학적인 역사는 '가치를 배제한' 역사였다. 왜냐하면 과학적인 역사는 랑케가 제일의 가치로 여겼던 초월(detachment), 공평(impartiality), 객관성(objectivity)에 근거하기 때문이다. 하지만 랑케의 역사연구방법에 대해 이처럼 과학적인 측면을 강조한 것에 대해 다른 주장 또한 대두되었다.

대표적인 사람은 조지 이거스였다. 이거스는 '과학'으로 번역되는 독일어 단어 Wissenschaft는 자연과학(natural science)을 가리키지 않았다고 주장했다. 오히려 랑케는 자료들을 분석하는데에 있어서 한사람의 역사이론가 혹은 문헌학자(philologist) 혹은 고전학자로 그는 역사의 여러 사건들 속에 작용하는 신의 손을 인정하려고 노력했다고 이거스는 주장했다.[23] 비록 랑케의 역사 연구 대상이 사실 그 자체였는지 아니면 관념(이념) 혹은 신의 손과 같은 것이었는지 논란의 여지가 있었지만, 객관적인 방법(비판적인 방법)을 통하여 랑케는 과거를 "있었던 그대로의 역사"로 연구하기를 원했다는 것은 분명해 보인다.

> 단지 역사의 사실들만을 추구하고 그 사실들로부터 가치들을 이끌어내려는 그 어떠한 시도도 하지 않았다고 평가했다. 이러한 과학적인 역사는 '가치를 배제한' 역사였다

---

22) Ronald H. Nash, *The Meaning of History* (Nashville: Broadman & Holman Publishers, 1998), 5. 많은 역사가들은 랑케의 일관성이 결여된 역사철학을 비판했다. 대오도르 H. 폰 로우(Theodore H. Von Laue)는 하나의 좋은 예를 제시했다. 로우에 따르면, 랑케는 역사속에서 "관념들"(ideas)과 "신의 손"(hand of God)을 찾으려고 노력했다. 그는 "관념들"을 인간사에 존재하는 "사랑의 영의 내적 세력들"(the inner forces of the loving spirit) 혹은 "도덕적인 세력들"(moral forces) 혹은 "위대한 경향들"(the great tendencies)로 간주했으며 역사적으로 드러난 것들 이면에 존재하는 "신의 손"을 추구했다. 랑케는 "오직 보편사만 참된 역사일 수 있다"고 주장했다. 결국, 로우는 "랑케가 재구성을 더 이상 과학으로 보지 않고 예술, 즉 재-창의적인 예술로 간주했다"고 결론내렸다. Laue, *Leopold Ranke,* 43, 46, 123, 126.
23) Iggers, "The Image of Ranke," 30. 랑케의 일관성이 결여된 역사철학에 대해서는 바로 앞의 각주 내용을 참조하라.

4. 랑케 이후 객관적 역사서술의 문제

공정한 객관성에 대한 랑케의 강조는 후에 "객관성 문제"(the objectivity question)라고 알려지게 된 논란을 역사서술 분야에 일으켰다. 객관적인 역사서술 문제는 1930년대 미국에서 논란의 중심이 되었다. 칼 로투스 베커(Carl Lotus Becker, 1873-1945, 코넬대학 역사학 교수 역임)와 케넷 스캇 라투렛(Kenneth Ascott Latourette, 1884-1968, 예일대학 선교학과 동양역사학 교수 역임)은 그 당시의 주요 역사가들로, 이 두 사람들은 미국역사학회(the American Historical Association, 이후 AHA로 언급됨)의 의장을 역임할 만큼 그 당대의 역사학계에서 중요한 학자들이었다.[24] 이들은 역사가 어떻게 쓰여져야 하는지에 대해 정반대의 주장을 펼친 사람으로 유명했다.

먼저, 과학적인 역사에 대해 가장 심하게 반대했던 베커는 그 누구도 과거를 객관적으로 재구성할 수 없다고 전제했다. 역사적인 사건은 더 이상 존재하지 않고 단지 일종의 상징이거나 역사가가 그의 마음에 창조했던 '단순한 진술' 만이 존재한다고 생각했기 때문에, 베커는 객관성의 추구는 기껏해야 원리상 공허한 사상이었다고 주장했다. 이에 반해, 베커의 동시대인이었던 라투렛은 많은 요소들과 이야기들을

---

24) 미국역사학회(AHA)는 1884년 9월 9일 뉴옥 사라토가(Saratoga)에서 역사학자들을 위한 전국적인 단체로서 설립되었다. 그 두 번째 모임에서 랑케를 유일한 명예회원으로 선정한 것은 이 협회가 랑케를 "그들 학계의 제일의 스승"으로 존경하고 있음을 보여주었다. 미국역사학회의 형성과 활동에 대해서는 J. Franklin James, "The American Historical Association, 1884-1909," *The American Historical Review* 15 (October 1909): 1-20를 참조하라. 이 학회 기관지인 *The American Historical Review*는 1895년 이 학회로부터 독립하여 설립되었다.

포함하는 통합적인 접근(an integrated approach)방법을 통해 과거를 재구성할 수 있는 가능성을 주장했다.

라투렛은 기독교의 세계적인 영향력 대해 특히 관심을 두었고, 이러한 관심은 기독교의 역사에 대한 그의 특별한 이해에서 시작되었다. 그는 "기독교는 복음서가 아니다. 기독교는 복음서의 한 부분적 표현이다. 그것은 종교다"라고 언급하고,[25] 자신의 《세대를 통한 기독교》(*Christianity through the Ages*)에서 기독교 역사를 한 기관 혹은 신학적인 관점에서가 아니라 역사 속에서 경험할 수 있는 일종의 운동으로 간주했다. 이처럼 기독교역사에 대한 그의 경험에 근거한 해석은 그의 기독교적 관점과 더불어 "기독교의 지리적 팽창," "새로운 운동의 등장," "도덕적인 영향," "문화에 끼친 기독교의 영향 혹은 그 반대"에 기초했다.

엄밀히 말해서 역사는 과학의 대상은 될 수 없다. 그러므로 과학적 혹은 객관적인 방법이라는 단어가 이 책에서는 더욱 적합할 듯하다. 라투렛은 세계사와 구원사를 나누어보는 현대의 이분법적 사고를 거부하고 기독교 역사는 세계사의 정황(context) 속에서 쓰여져야 한다고 주장했다. 그는 기독교 역사를 어느 특정한 측면들에 제한하여 저술한 책들과 논문들을 비판하고 더욱 포괄적인 관점을 택했다. 이러한 관점에 전제되어 있는 가장 기본적인 신념은 기독교신앙이 모든 인간의 삶에 큰 영향을 끼쳤다는 것이다.[26] 이러한 접근방식은 교리사 혹은 서양사와 같은 특별한 영역을 강조했던 이전의 방법과는 전적으로 다른 것으로, 세계사의 정황속에서 기독교 역사를 추구하면서 라투렛은 이성(기독교의 사회적인 성취와 같은 과학적인 혹은 객관적인 역사)과 신앙(기독교적 세계관)을 결합하려 시도했다.[27]

---

25) Kenneth Scott Latourette, *The Christian Outlook* (New York: Harper & Brothers Publishers, 1948), 160.
26) Latourette, *Christianity through the Ages*, x.
27) 오늘날 많은 기독교 역사가들은 위의 관점을 지지한다. 실례로, 조지 M. 마스든(George M. Marsden), 셜리 A. 물렌(Shirley A. Mullen), 데릴지 G. 하트(Darryl G. Hart), 마크 A. 놀(Mark A. Noll)은 이러한 관점을 지지한다. Ronald A. Wells, ed.,

라투렛이 과학이라고 말하지 않고 과학적 혹은 객관적이란 용어를 사용했다는 사실을 우리는 주목해야 한다. 라투렛의 역사서술방법은 어떻게 교회사를 객관적 혹은 과학적으로 서술해야 하는지를 알기 원하는 역사가들에게 유용한 모델이 될 수 있다고 저자는 생각한다. 따라서 저자는 객관적으로 혹은 과학적으로 역사를 서술하는 것이 가능한지를 두고 논쟁을 벌였던 베커와 라투렛의 관점들을 비교하고 평가할 것이다. 이를 위해 교회사 방법론의 전반적인 기본 내용과 이와 관련된 주제들을 다룰 것이다.

History and the Christian Historian (Grand Rapids: William B. Eerdmans Publishing Company, 1998).

제2장
역사서술과 기본 원칙들

1. 객관성의 가능성 문제

이 책의 주요 목적은 역사서술 분야의 주요 주제인 역사의 본성과 그 서술 가능성의 문제를 다루는 것으로, 그중에서 특히 베커와 라투렛의 역사서술 방법론을 중심으로 살펴 보는 것이다. 19세기 후반과 20세기 초반 미국에서 역사 연구의 가장 좋은 모델은 랑케의 사상이었는데, 랑케는 구체적인 증거를 직접 관찰하고 그 자료로부터 귀납적인 추론을 통해 "과학적인 정확성"(scientific accuracy)을 추구할 것을 주장했다. 하지만 이 사상은 1930년대 가장 열렬한 진보주의자이며 불가지론자였던 베커와 찰스 A. 비어드(Charles A. Beard, 1874-1948)와 같은 선택적 결정론자에 의해 거부되었다.[28] 이러한 부류의 학자들은 역사적 서술에 있어서 불확실성,

---

28) Henry F. May, "The Recovery of American Religious History," *The American Historical Review* 70, no. 1 (October 1964): 81.

상대성, 회의론과 같은 지적 분위기를 만들어냈다.

1930년대와 달리 현대의 접근방법은 어느 특정 관점, 즉 여권 신장주의적, 보수주의적, 앵글로 부족 중심적, 미국의, 경제적인, 교단적, 혹은 자유적인 관점을 강조한다. 다시 말해서 21세기에 교회사를 쓸 때 지배적인 해석의 틀은 더 이상 존재하지 않는다. 다음의 글들은 20세기 후반 종교 연구에 있어 대립되는 분위기, 즉 종교연구가 불가능하다는 것과 어느 정도는 가능하다는 상반된 견해가 존재하고 있음을 잘 보여준다. 20세기 마지막 후반 20년 동안의 상황에 대해, 구스타보 베나이데스(Gustavo Benaides)는 "종교에는 자료가 없다"(there is no data for religion)고 주장한 반면,[29] 시드니 M. 미드(Sidney M. Mead)는

"하지만 나는 다음과 같은 말을 첨언하고 싶습니다. 내가 역사의 의미를 알지 못합니다라고 말하는 것은 역사가 의미가 없다고 말하는 것이 아닙니다.…사람은 신이 아니며 따라서 신이 하시는 의미를 알 수 없습니다"

라고 주장했다.[30]

사실, 역사를 서술하는 일에 절대적인 객관성을 주장하는 것은 불가능하다. 하지만 객관성의 정도를 주장하는 것은 가능하다고 저자는 생각한다. 역사에 객관성 확보가 어느 정도로 가능한가?의 문제는 여러 학자들에 의해 논의되었다. 실례로 피터 노빅(Peter Novick, 1934-2012), 도날드 내시, 로버트 베어드(Robert D. Baird)의 견해를 살펴보면 다음과 같다.

---

29) Gustavo Benavides, "There Is Data for Religion," *Journal of the American Academy of Religion* 71, no. 4 (December 2003): 895.
30) Sidney E. Mead, "On the Meaning of History," *Christian Century* 78, no. 15 (1961): 1361.

피터 노빅과 　　　　　　　　주저 《고상한 꿈》(1988)

　《고상한 꿈》(*That Noble Dream: The "Objectivity Question" and the American Historical Profession*)이라는 아주 잘 알려진 책에서, 노빅은 객관성에 대해 네 가지 태도를 제시했다.

> (1) "그것은 쉽게 획득할 수 있다"(it is easily attainable); (2) "그것은 어렵지만 획득가능하다"(it is attainable with difficulty); (3) "그것은 획득 가능하지 않지만 접근 가능하다"(it is unattainable but approachable); (4) "그것은 모순된 이상이다"(it is an incoherent ideal).[31]

노빅은 그 누구도 역사를 "있었던 그대로의 역사"처럼 알 수 있다고 확신을 가지고 말할 수 없다고 결론내리고, "있었던 그대로의 역사"를 서술하는 일은 희망에 부푼 생각일 뿐, 그것은 도저히 도달 불가능한 일종의 "고

---

31) Peter Novick, *That Noble Dream: The "Objectivity Question" and the American Historical Profession* (Cambridge: Cambridge University Press, 1988), 101. 이 책에서 노빅은 과학적인 역사와 역사적 상대주의의 시작과 몰락을 보여주려고 시도했다.

상한 꿈"에 불과하다고 보았다.[32]

도날드 내시

《기독교와 역사: 믿음과 이해》(1984, 2001번역)

《기독교와 역사: 믿음과 이해》(*Christian Faith and Historical Understanding*, 이경직 역, 기독교문서선교회, 2001)에서 내시는 네 가지 견해, 즉 강한(hard) 상대주의, 약한(soft) 상대주의, 강한 객관주의, 약한 객관주의를 제시했다.

내시는 위의 네 가지 견해를 다음과 같이 설명했다. (1) **강한 상대주의**: 과거에 대한 진실을 발견하는 것은 불가능하다. 왜냐하면 역사가는 정말로 객관적이 될 수 없기 때문이다. 이 견해에 따르면, "역사는 주관적이며 동시에 임의적이다." 이 견해는 일종의 역사 회의론이다. (2) **강한 객관주의**: 역사가는 공정할 수 있고 사실들을 객관적으로 보고 할 능력을 가지고 있다. 이 견해에 따르면, "역사가는 자신의 흥미나 가치로부터 독립적일 수 있으며 가치가 배제된 역사를 쓸 수 있다." (3) **약한 상대주의**: 역사가

---

32) 베어드는 콜롬비아대학교에서 행한 특강에서 객관성의 "고상한 꿈"이라는 어구를 사용했다. Novick, *That Noble Dream,* 104, 259.

들은 비록 완전히 객관적일 수 없지만 객관적인 방법을 사용함으로써 여전히 역사의 진실이 발견될 수 있다. 이 견해에 따르면, "역사는 주관적이나 임의적인 것(arbitrary)이 아니다." 역사는 "그것이 수정가능하고, 그러므로 임의적인 것이 아니다"라는 의미에서 객관적이다. (4) 약한 객관주의: 강한 주관주의와 강한 객관주의 사이의 입장이다. 이 견해에 따르면, "역사는 역사의 가치로부터 완전히 자유로울 수 없지만 이것은 곧 역사가 임의적인 것이라는 것을 의미하지 않는다. 왜냐하면 역사는 얼마든지 비판적인 수정에 개방되어 있기 때문이다." 이 입장은 강한 객관주의와 강한 상대주의의 지나침에 대한 반응이다.[33]

베어드는 역사서술의 문제는 가능성에 대한 것이라고 주장했다. 그는 "상대주의 반대는 객관성이고, 절대주의 반대는 가능성이다"라고 주장하며[34] "역사에서 진술들은 기껏해야 아주 있음직 한 것(probable)일 뿐이다"라고 주장했다.[35] 하지만 이 진술은 과거에 대한 객관적인 진술은 가능하다는 생각을 포함하고 있다.[36] 역사의 객관성에 대해서 바로 위에서 제시한 노빅의 분류는 베커와 라투렛의 역사서술의 위치를 파악하고 평가하는 일에 도움이 된다.

이 책의 중심 내용은 주로 세 가지 기본적인 질문들에 따라 다루어 질 것이다. 첫째, 객관성이란 무엇인가? 왜 그것이 역사서술에서 중요한가? 둘째, 이 논의에서 베커의 공헌은 무엇인가? "과거를 종합적이고, 분명하고 객관적으로 재구성하는 것이 과거에 도달될 수 없었으며 그것은 원리상 공허한 생각이었다"고 주장한 베커의 주장은 얼마나 타당한가?[37] 셋째, 라투

---

33) Donald H. Nash, *Christian Faith and Historical Understanding* (Lima, Ohio: Academic Renewal Press, 1984), 80-2.
34) Robert D. Baird, "Factual Statements and the Possibility of Objectivity in History," *The Journal of Religious Thought* 26, no. 1 (1969): 21.
35) Baird, "Factual Statements and the Possibility of Objectivity in History," 21.
36) Ibid.
37) J. H. Hexter, "Carl Becker, Professor Novick, and Me; or, Cheer Up, Professor

렛은 과거에 대한 지식은 과거와 미래에 대한 사실 모두를 제공할 수 있다고 주장했다.[38] 교회사를 쓰는 라투렛의 방법은 현대 기독교 역사가들에게 적합한가? 이러한 세 가지 질문들을 중심으로 저자는 교회사를 객관적으로 서술할 가능성을 모색하려고 한다.

2. 기본적인 용어들

역사서술과 관련하여 먼저 중요한 용어들에 대한 설명은 다음과 같다. 과학(science)이라는 영어 단어는 지식을 의미하는 라틴어 *scientia*로부터 왔다. 웹스터 사전(Webster)은 많은 의미들을 제공하고 있는데, 이러한 의미들 가운데 역사서술과 관련된 의미는 다음과 같은 것들이 있다. (3) 보편적인(general) 진리의 발견과 보편 법칙들의 작용과 관련하여 지금까지 체계화되고 형성된 축적되고 받아들여진 지식; (4) 사실들을 관찰하고 분류하는 것과 관련된 학문 영역, 특히 주로 과학적인 원칙들에 기초한 귀납추리와 가설에 의한 증명할 수 있는 보편법칙의 수량적인 공식화와 관련된

N, I" in "AHR Forum: Peter Novick's That Noble Dream: The Objectivity Question and the Future of the Historical Profession," *American Historical Review* (June 1991): 676. 보라. "Everyman His Own Historian," in Carl L. Becker, *Everyman His Own Historian: Essays on History and Politics* (New York: F. S. Crofts & Co., 1935), 233-55; Novick, That Noble Dream, 15.

38) 1945년 12월 28일 미국교회사협회(the American Society of Church History, 이후 ASCH) 연차 모임 회장 연설에서 라투렛은 "과거는 기독교의 미래에 대해 무엇을 우리에게 말 할 수 있는가?"라는 질문으로 그의 연설을 시작했다. 연설의 마지막 부분에서 그는 다음과 같이 말했다.
"역사가는 최종적인 결과를 예측하려 노력하지 말아야 한다. 하지만, 역사가는 어느 정도의 일반화를 합리적으로 과감히 시도해야 한다. … 역사가는 기독교가 인류의 삶속에 추진력이라는 것을 보여주고 있다."
Kenneth Scott Latourette, "A Historian Looks Ahead: The Future of Christianity in the Light of Its Past," *Church History* 15 (1946): 3.

학문영역이다 ; (5) 과학적인 원리들에 근거하는 체계들이다.[39] 이 정의들 가운데 본 주제에서는 (4)와 (5)가 적절해 보인다.

형용사 과학적(scientific)이라는 영어 단어는 "정확한 과학의 촉진을 위해서 혹은 정확한 과학의 원리들과 실천(practice)에 따라 엄격하게 행해지거나 준비되는 것에 동의함을 의미"하거나 "과학의 방법 혹은 과학에 의해 조사된 결과에 따라 행해지거나 체계화된"을 의미한다.[40] 그러므로 결국 과학과 과학적 지식이라는 용어는, 사실들을 구체적인 증거를 직접적으로 관찰하는 것에 연관시키는 것이며 그 자료들로부터 귀납적인 추론을 하는 것을 의미한다.[41] 1908년 12월 29일 미국역사학회(AHA) 의장 연설에서 아담스는 참된 과학은 "증명되고 상호 연관된 사실"에 기초해야 할 것과, 역사가의 역할은 실제로 발생했던 역사를 발견하고 기록하는 일이어야 한다고 주장한 것은 위의 원리에 기초한 것이었다.[42]

역사(history)라는 영어 단어는 조사, 정보, 이야기, 역사의 의미들을 가지고 있는 그리스어 $ἱστορία$로부터 왔다. 이 의미 가운데 (1) 실제 혹은 상상의 물체, 사람 혹은 인물과 관련된 사건들에 대한 이야기; (2) 사건들을 연대기 순으로 기록하고 있는 체계적으로 쓰여진 이야기; (3) 지난 사건들을 사건들의 순서에 따라 기록하거나 설명하는 지식의 한 영역; (4) 역사적인 주제에 대한 그림 같은 설명 등이 있다.[43] 로버트 존스 쉐퍼(Robert Jones Shafer)는 세 가지 역사의 의미, 즉 과거의 사건들 혹은 실제로 발생

---

39) *Webster's Third New International Dictionary of the English Language Unabridged*, s. v. "Science." 2032.
40) Ibid.
41) 과학적인 방법에 대해, 프란시스 베이컨(Francis Bacon)은 세 가지 접근 방법을 설명하였다. 엄격한 경험적인 접근, 가설들을 면밀히 살펴보아 배제시키는 것, 모든 과학을 분류(taxonomy) 하는 것. Novick, *That Noble Dream*, 34.
42) George Burton Adams, "History and the Philosophy of History," *The American Historical Review* 14 (January 1909): 235-6.
43) *Webster's Third New International Dictionary of the English Language Unabridged*, 1073-4.

했던 일들, 기록 혹은 사건들에 대한 설명, 한 학문 혹은 한 연구 영역을 제안한 바 있다.[44]

역사서술(historiography)이라는 영어 단어는 19세기 독일의 상황에서는 '역사철학'(the philosophy of history)으로 불렸다. 이 단어는 역사가들이나 학파들이 연구했던 것이나 그들이 어떻게 생각했는지에 대한 '일종의 종합적인 설명'을 찾기 위해, "어느 한 작가나 학파의 저술들을 탐구하는 것 이상의 것"을 추구하는 것으로, 역사적으로 서술되어온 것들에 대해 연구하는 것이다.[45] 다시 말해서, 역사서술은 과거에 발생한 일보다는 역사가들에 의해 과거로부터 쓰여져 온 "역사서술의 역사를 다루는 학문분야"(the study of history of historical writing)이다.

객관성(objectivity)이라는 영어 단어는 편견 혹은 선호하는 것에 의해 영향을 받지 않은 "실제 사실들"(the actual facts)에 대한 진술을 의미하는 독일어 objektivität에서 유래했다. 노빅(Novick)에 따르면, 객관성(objectivity)과 주관성(subjectivity)의 논쟁은 19세기 후반에 격렬했고 객관주의(objectivism)와 상대주의(relativism) 논쟁은 지난 20세기 후반부에 격렬했다.[46] 상대주의는 노빅이 정의한대로, "유일하고, 객관적이며, 절대적인 진리"를 거부하며 "지식의 기준이 다수임"을 강조한다.[47] 노빅은

---

44) Robert Jones Shafer, *A Guide to Historical Method*, rev. ed. (Homewood, Ill.: Dorsey Press, 1974), 3. 최근, 웨슬리신학대학원 조직신학 교수인 R. 캔달 솔른(R. Kendall Soulen)은 역사의 공통적인 의미들을 다음과 같이 설명했다. (1) 그것들이 실제로 발생했던 지난 사건들로서의 역사. (2) 어느 한 시기 혹은 공동체 안의 상황 그리고 절정의 시기의 공공의 사건들로서의 역사. (3) 역사가들이 과거를 재구성 할 때에 추구하는 학문영역으로서의 역사. (4) 역사가들이 과거에 대해 만들어 내거나 출판하는 책과 논문들로서의 역사. 솔른은 그것들이 실제로 일어났던 대로의 사건들의 진실과 실체와 역사가들이 쓴 과거에 대한 책들과 논문들의 중요성을 강조했다. R. Kendall Soulen, "The Believer and the Historian: Theological Interpretation and Historical Investigation," *Interpretation* 57, no. 2 (April 2003): 175.
45) Bentley, *Modern Historiography*, ix-x.
46) Ibid., 167, 263.

역사에 대한 상대주의자들은 역사적인 해석은 그 역사가의 시간, 장소, 가치, 목적들에 대하여 지금까지도 상대적이었고 앞으로도 그럴 것이라고 믿는다고 주장했다.[48] 하지만 회의론자들(skeptics)과 달리, 이 상대주의자들은 "진리의 존재 혹은 진리를 알 수 있을 가능성"을 부인하지 않고 과거에 대한 사실에 입각한 진술들이 실제적인 목적을 위해서 '사실'(true)일 수 있음을 주장한다고 노빅은 평가했다.[49] 이에 반해, 굳맨(Lenn. E. Goodman)은 "상대주의란 진리의 기준을 거부한다는 점에서 회의론과 유사하다"고 강조했다.[50]

라투렛은 '교회의 역사'(history of the Church)나 '교회사'(Church History)보다는 '기독교 역사'(history of Christianity)라는 표현을 선호했다. 그는 기관의 혹은 이론적인 요소들만을 강조하는 교회사라는 용어보다 '기독교 역사'라는 표현이 경험적인 요소들을 훨씬 많이 포함하고 있다고 믿었다. 라투렛의 설명에 따라, 저자도 이 책에서 '기독교 역사'라는 표현을 사용할 것이다.

근대(Modernity)라는 영어 단어는 한 역사적인 시기와 문화를 가리키는 것으로, 한 역사적인 시기로서 근대는 1648년 이후부터 사용되었다. 이 것은 또한 '이성의 능력들,' '개인의 자율,' '지배적인 과학의 영향'을 강조하는 하나의 문화였다.[51] 이에 반해, 근대에 대한 반발인 포스트모던(Postmodernity)은 진리와 합리성(rationality)이 보편적이며 불변적인 것

---

47) Ibid., 167, 263.
48) Ibid., 166.
49) 회의론은 참된 지식의 불가능성 혹은 접근불가능성을 주장한다. Novick, *That Noble Dream*, 167, 263.
50) Lenn. E. Goodman, "Six Dogmas of Relativism," in *Cultural Relativism and Philosophy: North and Latin American Perspectives*, ed. Marcelo Dascal (Leiden, The Netherlands: E. J. Brill, 1991), 77.
51) Bruce Ellis Benson, "Postmodernism," in *Evangelical Dictionary of Theology*, ed. Walter A. Elwell (GrandRapids, Mich.: BeckerAcademic, 2001), 940.

이라는 견해를 부정하며, '어떤 텍스트가 내포하고 있는 전제들과 가치들'과 '도덕과 신앙'(morality and faith)을 의문시하는 문화이다.[52]

포스트모더니즘(Postmodernism)은 현대사회의 지배적인 '지적 분위기' 혹은 '문화적인 표현들'을 묘사하는 단어이다.[53] 스탠리 J. 그랜즈(Stanley J. Grenz)에 따르면, 포스트모더니즘은 우주에 대한 지식이 순수한 이성과 비판적인 연구를 통하여 가능하며 지식은 좋고 보편적으로 타당하다는 근대의 가정들을 거부한다.[54] 그랜즈는 이러한 근대에 대한 "전면적인 공격"은 1970년대에 시작되었다고 보았다. 이 당시에 구조주의(structuralism)로 불리는 문학의 한 이론의 연장인 탈구조주의(deconstruction)가 (근대의 가정들이 기초한) 계몽주의 사상들을 해체시켰다. 구조주의자들은 의미는 텍스트 그 자체 안에 내재되어 있다고 주장한 반면, 탈구조주의자들은 독자가 텍스트와 대화를 나누어야 하며 그 텍스트를 그 자신의 시각 안에서 해석해야 한다는 것을 강조했다. 그러므로, 자크 데리다(Jacques Derrida, 1930-2004), 마이클 푸코(Michel Fou-cault, 1926-1984), 리차드 로티(Richard Rorty, 1931-2007)와 같은 탈구조주의자들에게 있어서 진리는 객관적 혹은 발견 가능한 실체가 아니며 일종의 계속되는 대화(a continuing conversation)에 불과했다.[55]

3. 역사서술 연구의 한계와 중요성

저자는 이 책을 통해 역사적 객관성의 가능성을 검토하고자 한다. 리

---

52) Ibid., 941-45.
53) Stanley J. Grenz, *A Primer on Postmodernism* (Grand Rapids, Mich.:William B. Eerdmans Publishing Company, 1996), 13.
54) Ibid., 7.
55) Ibid., 5-6.

차드 J. 에반스(Richard J. Evans)가 언급하였듯이, 역사적 객관성의 기본적인 주제는 어떻게 사람이 편견없이 문서들을 읽을 수 있으며 그 자체의 용어로 과거를 재구성할 수 있는가에 관심을 두고 있다.[56] 역사적 객관성 문제는 역사가들 사이에서 뜨거운 논쟁거리였다. 실례로, 카는 객관적인 역사가는 '그 자신의 제한된 시각을 극복' 하고 '자신의 비전을 미래' 로 투사하기 위해 단순한 사실들을 넘어 나아갈 것을 촉구했다. 다른 한편, 제프리 엘톤(Geoffrey Elton, 1921-1994)은 역사적 객관성을 과거 그 자체의 관점에서 과거를 이해하는 것에 국한시켰다.[57] 저자는 객관적 역사서술의 가능성 문제를 두고 가장 첨예하게 대립하였던 1930년대 전후 중요한 미국의 역사가였던 베커와 라투렛을 중심으로 역사서술의 가능성 문제를 다룰 것이다.

베커와 라투렛의 역사적인 사상을 연구하는 것은 최소한 두 가지 점에서 중요하다. 첫째, 이들은 20세기 초반에 중요한 역사가들이었다. 비어드와 함께, 베커는 그 당대에 미국을 지배했던 과학적 혹은 실증주의적 역사철학에 정면으로 도전했다.[58] 그는 역사에서 종교적 혹은 이성적 확실성의 가능성을 부인했고 그의 이러한 역사적 상대주의와 회의론은 1930년대와 1940년대의 역사학계를 뒤흔들었다.[59] 이에 반해, 라투렛은 가장 유명한

---

56) Richard J. Evans, *In Defense of History* (NewYork: W.W. Norton & Company, 1999), 198.
57) Ibid., 194-6.
58) John C. Rule, review of *The Pragmatic Revolt in American History: Carl Becker and Charles Beard,* by Cushing Strout, History and Theory 1, no. 2 (1961): 215-9; W. Stull Holt, review of *Carl Becker's Heavenly City,* revised ed. Raymond O. Rockwood, *The American Historical Review* 65, no. 2 (January 1960): 398-9.
59) 베커와 비어드의 사상에 대해서는 다음을 보라. Cushing Strout, *The Pragmatic Revolt in American History: Carl Becker and Charles Beard* (New Heaven: Yale University Press, 1958); Novick, *That Noble Dream;* Robert D. Baird, "Factual Statements and the Possibility of Objectivity in History," *Journal of Religious Thought* 26, no.1 (1969): 5-22.

기독교 역사 서술가들 중 하나로 그는 기독교의 중요성을 증명하기 위해 세속의 기준들을 채택했고 경험적인 증거와 함께 기독교 세계관을 가지고 기독교 역사를 서술했다. 특히 라투렛이 비서양인의 시각에서 기독교 역사를 서술하려고 노력했다는 점은 오늘날 제3세계에 사는 기독교 역사가들에게 좋은 모델이 될 수 있다고 저자는 생각한다.[60]

둘째, 교회사를 쓰는 일이 가능하기 위해서는 과거에 대해 객관적 진술을 할 수 있다는 가능성이 담보되어야 한다는 것이 저자의 신념이다. 이러한 가능성 자체를 거부하는 역사에 대한 베커의 사상은 결국 역사적 회의론에 빠지게 된다. 역사를 전제 없이 알거나 서술하는 것은 어렵다. 전제 혹은 어느 특별한 시각에는 정치적, 경제적, 성별, 종교적, 문화적인 것들이 포함될 수 있다. 이러한 점에서 라투렛은 역사를 쓸 때에 어느 특정한 시각, 즉 기독교의 시각과 과학적인 방법을 결합시켰다고 평가할 수 있다.

---

60) Henry Warner Bowden, *Church History in an Age of Uncertainty: Historiographical Patterns in the United States, 1906-1990* (Carbondale, Ill.: Southern Illinois Press, 1991), 57.

제3장
역사서술에 대한 주요 역사가들과 주요 사상들

1. 주요 이론의 소개

다음의 저서들과 글들은 역사서술에서 객관성의 문제를 이해하는데에 도움을 주는 것들이다. 윌리엄 몰라드(William B. Mallard, 1927-2014)는 낭만주의(Romanticism)와 랑케의 근대 역사학의 차이점에 대해 설명했다. 카는 역사가와 과거와의 관계 그리고 역사가와 사실들과의 상호작용에 대해 다루었다. 마이클 스탠포드(Michael Stanford)와 피터 게이(Peter Gay, 1923-2015)는 역사 혹은 역사적 지식의 본성과 스타일을 다루었다. 얼 E. 케언즈(Earle E. Cairns, 1910-2008)는 역사의 객관적인 면을 강조하는 사람들과 역사의 과학적 연구를 반대하는 사람들을 대비시켰다. 프라이켄버그(Robert Eric Frykenburg)는 역사의 문제들과 역사를 이해하는 과정에서 중요한 신앙(belief)에 대해 다루었다. 헨디 W. 보든(Henry Warner Bowden)은 역사서술의 객관성이라는 주제에 대한 미국의 역사가들을 다루었다.

위에서 언급된 내용들을 좀 더 자세히 살펴보면 다음과 같다. 논문 "교회사의 방법과 견해"에서, 몰라드는 17세기와 18세기 역사가들은 "원자료들을 대량으로 모으는 일"을 좋아했다고 주장했다.[61] 몰라드에 따르면, 이 시기의 첫 번째 역사가들은 뛰어난 문학적인 재능을 가지고 있었던 낭만주의자들로, 이들의 첫 번째 관심은 "어느 한 개인의 과거의 극적인 이야기"를 밝히어내는 일이었다.[62] 하지만 비판적, 과학적 분석으로 알려진 새로운 방법이 낭만주의를 몰아내었는데, 이 새로운 분석방법은 "믿을만한 역사적 진실"과 "영향력있는 자연과학의 위력"(the influential prestige of the physical sciences)에 기초한 것으로, 선구자는 독일의 랑케와 영국의 윌리엄 스터브(William Stubbs, 1825-1901)였다.[63]

랑케는 1825년 베를린대학교(the University of Berlin)에서 역사 세미나를 시작했다. 스트라우트(Strout)에 따르면, 랑케 학파는 역사가들은 객관적일 수 있다고 주장함으로써 역사에 과학적인 신뢰성(scientific credibility)을 주려고 시도했다.[64] 이처럼 역사연구에 있어서 중립적 객관성을 확보하려는 노력은 독일의 역사서술의 출발로 이러한 점에서 몰라드는 근대 역사학의 시작을 1825년으로 보고, 근대 역사서술의 핵심적인 특성은 그리스와 로마의 고대 고전문서들의 진정성을 의심하거나 거부하는 것이었다고 지적했다.[65]

카(Carr)는 역사는 객관적일 수 있다는 이러한 독일의 사상을 받아들였다. 《역사란 무엇인가?》(*What is History?*)에서, 카는 역사가와 과거 사이의 관계는 역사의 본질에 대한 현대의 대답을 제공한다고 주장했다. 카

---

61) William Mallard, "Method and Perspective in Church History: A Reconsideration," *Journal of the AmericanAcademyofReligion* 36, no. 4 (December 1968): 346.
62) Ibid.
63) Ibid.
64) Cushing Strout. *The Pragmatic Revolt in American History: Carl Becker and Charles Beard* (New Haven: Yale University Press, 1958), 33.
65) Mallard, "Method and Perspective in Church History," 346-7.

는 역사적 사실들은 순전히 객관적일 수 없다고 보았다. 왜냐하면 역사적 사실들은 자신들의 시대에 영향을 받은 역사가들이 결국 선택한 것들이라고 생각했기 때문이었다. 먼저 카는 역사는 문서들, 비문들과 같은 확실한 사실들을 모은 것들로 이루어져 있다고 보았다. 그런데 중요한 점은 역사가가 이러한 증거에 기초한 자료들을 모으고 선택하고 해석해야 한다고 믿었던 카는 특별히 역사가와 사실들 사이의 상호작용을 강조함으로써 과학적 역사의 좋은 실례를 제공했다는 점이다.

"사실들이 없는 역사가는 뿌리가 없는 것이요 무익하다. 하지만 역사가가 없는 사실들 또한 죽은 것이요 무의미하다."[66]

19C 후반 영국 옥스퍼드 교구 주교이며 옥스퍼드대학교의 근대 역사학 교수였던 스터브도 "역사는 그 자체의 목적을 위해 연구되어야 한다"고 주장했다. 이를 위해 스터브는 역사를 통해 존재해온 역사의 통일성(unity)과 연속성(continuity)을 추구하였고 역사 연구에 있어 보다 객관성을 추구하기 위해 개인의 특성이나 인간의 본성같은 개입을 차단하려고 노력했다.

마이클 스탠포드

주저 《역사적 지식의 본성》(1987)

1. 주요 이론의 소개 51

역사 혹은 역사적 지식의 본성과 스타일에 대하여, 스탠포드와 게이는 몇 가지 유용한 통찰력을 제공했다. 《역사적 지식의 본성》(The Nature of Historical Knowledge)에서, 스탠포드는 사건으로서의 역사(history-as-event, res gestae)와 이야기로서의 역사(history-as-story, historia rerum gestarum) 사이의 상호작용을 증명하는 단순하고 명료한 개관을 제공했다. 그는 역사의 모든 주제들이 어떻게 모아질 수 있는지를 보여주려고 시도했다. 그는 역사적인 활동가운데 중요한 요소들이 어떻게 모아지는지를 제시하면서, 역사적인 활동의 구조와 같은 역사의 도식(schema)를 제공했다. 이 도식은 다음과 같다.

(1) "과거의 사건들 혹은 역사적 현장"
(2) "역사적 증거"
(3) "역사가의 마음속에서의 구성"
(4) "역사적인 대화(서적, 강의 혹은 논문)"
(5) "공정한 마음"(the public mind)
(6) "역사적 행동들(역사적 사건들의 일부가 되는)"

과거에 대한 지식은 기억 혹은 기록들로부터 얻어지기 때문에, 스탠포드는 사람들은 과거를 이해하는데에 도움을 주는 역사가들에 의존해야 한다고 주장했다. 전문적인 역사가들은 과거의 의미나 중요성을 보여주어야 하고 과거에 고찰되었던 역사적 사건들은 이제는 현재에 고찰되고 있는 과정들을 고려해 볼 때, 역사가의 활동은 합리적(rational)이며 상상력이 풍부(imaginative)하고 창의적이라고 스탠포드는 보았다.[67]

게이는 역사의 유형(style)의 문제와 그에 관련된 문제들을 검토했다.

---

66) Ibid., 35.
67) Michael Stanford, *The Nature of Historical Knowledge* (New York: Basil Blackwell Ltd., 1987), 5-6.

그에 따르면, 유형은 사유의 틀(frame)과 방법(means), 즉 사유와 그 사유의 표현 방법으로 게이는 네 명의 위대한 역사가들인 에드워드 기본(Edward Gibbon, 1737-1794), 랑케, 토마스 B. 맥콜리(Thomas B. Macaulay, 1800-1859), 칼 버크하르트(Carl J. Burckhardt, 1818-1897)의 유형을 살펴보고 비록 어렵지만 역사연구의 객관성은 가능하다고 제시했다.[68]

《시간 안에서의 하나님과 인간: 역사서술에 대한 역사적 접근》에서, 케언즈는 역사, 과학 혹은 사회학의 본성에 대해 다루었다. 그는 역사서술을 "역사서술의 학문"(the discipline of historical writing)으로 정의내리고[69] 랑케의 확신, 즉 "현재 존재하는 기록들로부터 과거를 정확히 재구성할 수 있다"는 확신은 1884년 미국역사학회(AHA)를 구성하게 하였고 점차적으로 유럽과 미국의 역사가들에게 영향을 끼쳤다고 주장했다.[70] 하지만 케언즈는 유럽에서는 1890년과 1930년 사이에, 미국에서는 1930년 이후 역사가들이 위와 같은 생각을 비판했다고 주장하고 역사를 객관적인 측면과 주관적인 측면이라는 상반되는 두 가지 시각을 비교 설명하면서 역사의 객관적인 측면을 강조하는 역사가들은 "역사는 과학의 방법처럼 정확할 수 있다"고 믿었다고 평가했다.[71] 이 역사가들은 과학적, 실증주의적, 학문적, 객관적, 역사결정론자(historicist)들과 같은 용어들로 설명된 학자들로서, 역사의 객관적인 측면을 강조했던 역사가들은 존 버리(John B. Bury, 1861-1927), 칼 막스(Karl Marx, 1818-1883), 어거스트 콩트(Auguste Comte, 1798-1857), 캐롤 퀴글리(Carroll Quigley, 1910-1977), 헨리 T. 버클(Henry T. Buckle, 1821-1862), 헨리 B. 아담스

---

68) Peter Gay, *Style in History: Gibbon Ranke Macaulay Burckhardt* (New York: W. W. Norton & Company, Inc. 1988), 3-17.
69) Earl E. Cairns, *God and Man in Time: A Historical Approach to Historiography* (Grand Rapids, Mich.: Baker Book House, 1979), 11.
70) Cairns, *God and Man in Time*, 15.
71) Ibid., 16.

(Henry B. Adams, 1838-1918), 채니(E. P. Cheyney, 1861-1947), 칼 포 퍼(Karl Popper, 1902-1994), 칼 G. 헴펠(Carl G. Hempel, 1905-1997) 등이었다.[72]

반면에 역사의 주관적인 측면을 강조했던 역사가들은 과거의 사건들을 재구성 할 가능성을 거부하였다고 케언즈는 주장했다. 왜냐하면 모든 역사가들의 설명은 역사가들이 만든 것(shape)이라고 생각했기 때문에, 케언즈는 이 역사가들을 '낭만주의자들,' '이상주의자들,' '상대주의자들,' 혹은 '주관주의자들' 이라고 불렀다.[73] 이 역사가들은 독일과 영국에서 등장했지만 1930년 이후엔 미국 학회의 주요 학자들이 되었는데, 케언즈는 이 역사가들의 대부분은 역사가들이 아닌 철학자들이었다고 주장했다.[74] 역사의 주관적인 측면을 강조했던 역사가들은 딜타이(Wilhelm Dilthey), 콜링우드(Robin G. Collingwood), 크로체(Benedetto Croce), 베커, 비어드 등이었다.[75]

케언즈는 역사가가 과학적, 철학적, 예술적인 요소들을 회피할 수 없다고 주장했다. 역사가는 과거의 사건들에 대한 정보를 모으는 일에 과학적인 방법을 사용하고, 역사가는 "그의 자료들의 의미를 결정 할 때" 철학적인 해석을 사용하고, 역사가는 그 자료들을 창의적인 방법으로 표현하기 위해 예술을 필요하기 때문이라고 케인즈는 수상했다.[j]

케언즈는 미국의 역사서술의 시기를 네 가지로 나누었다.

(1) 식민지 시기(1775년까지)
(2) 전국 혹은 중간 시기(1776-1865)

---

72) Ibid., 16-7.
73) Ibid., 18.
74) Ibid.
75) Ibid., 18-9.
76) Ibid., 27.

(3) 과학적 역사
  (4) 상대주의적 역사

스미스(John Smith, 1580-1631), 윈드롭(John Winthrop, 1588-1649), 메터(Cotton Mather, 1663-1728)는 식민지 시대에 속했다. 허치슨(Thomas Hutchinson, 1711-1780), 스파크스(Jared Sparks, 1789-1866), 파크맨(Francis Parkman, 1823-1893)은 전국 혹은 중간 시기에 속한다. 아담스, 터너(Frederick Jackson Turner, 1861-1932), 커티(Merle E. Curti, 1897-1997)는 과학적 역사를 대표했으며, 체니, 로빈슨(James Harvey Robinson, 1863-1936), 베커는 상대주의적 역사에 속했다.[77]

위스콘신-메디슨대학교(the University of Wisconsin-Madison)의 역사가인 프라이켄버그(Robert Erick Frykenberg, 1930-)는 역사적인 이해에 대해 다루었다. 그는 먼저 역사를 '사건' 혹은 '발생한 것' 과 '발생한 것에 대해 알려진 것' 혹은 '사건들에 대한 역사적 해석 혹은 인식들' 로 나누고,[78] 실제 역사적 사건은 그 자체로 유일무이(unique)하고 반복될 수 없기 때문에, 그는 역사에서 절대적인 확실성을 요구하는 것은 '지적 교만' 이라고 주장했다.[79] 그는 더 나아가 "역사가의 임무는 정말같은 것(plausibility)을 최대한 확보하는 것이다"라고 주장했다.[80]

프라이켄버그는 역사적 지식을 '과학적 지식' 과 '역사적 지식' 으로 나누고 이들의 상호관계에 대해, "모든 과학적 지식은 역사적이다. 하지만 모든 역사적 지식이 과학적이지는 않다"고 주장했다.[81] 그는 "역사가들은

---

77) Ibid., 85-92.
78) Robert Erick Frykenberg, *History & Belief: The Foundations of Historical Understanding* (Grand Rapids, Mich.: William B. Eerdmans Publishing Company, 1996), 25, 33.
79) Ibid., 246-7.
80) Ibid., 8.
81) Ibid., 243.

과학과 과학적인 기술들을 사용할 수 있지만" 그러나 이것이 곧 "그 자체로 역사를 과학으로 만드는 것은 아니다"라고 주장했다.[82] 그는 더 나아가 믿음과 역사는 상호 '모순된 채로'(incompatible) 그리고 '상호 배타적으로'(inexorably) 연결되어 있다고 지적했다.

"믿음이 없으면, 사건과 그 사건의 의미에 대한 인식은 불가능하게 된다. 한 사건에 대한 어느 정도의 이해가 없으면, 확실한 믿음은 불가능하게 된다. 이것은 어려운 문제이다.[83]

프라이켄버그는 세 가지 유형의 역사적 이해에 대해 설명했다: (1) 승리주의자들(triumphalist, 교리적 혹은 이데올로기적, 특정 교리가 다른 종교의 교리보다 우수하다고 주장하는 사람들). (2) 공리주의자들(과학적 혹은 증거주의자들). (3) 허무주의자(부정적 혹은 실용주의자들 혹은 상대주의자). 그는 그 어떠한 역사적 이해도 불가피하게 이 세 가지 유형들의 혼합이라고 주장했다.[84]

위의 세 가지 유형을 좀 더 자세히 살펴보면, 먼저 승리주의자는 "모든 역사적 이해는 어떠한 믿음체계를 전달하기 위한 매개체이다"라고 믿는다.[85] 이집트, 메소포디미아, 로마, 인도, 중국, 모세, 바드교의 경우에서와 같이 어떤 종교 혹은 이데올로기에 대한 이데올로기적 혹은 신학적인 견해들이 이 유형에 속한다. 공리주의자는 오직 경험적인 관측을 통해서만 사건들은 이해될 수 있다고 주장한다.[86] 프라이켄버그가 주장한대로, 문제는 역사가들이 "완전히 객관적이거나 편견이 배제된 역사적 판단"을 획득

---

82) Ibid., 248.
83) Ibid., 309.
84) Ibid., 312.
85) Ibid., 313.
86) Ibid., 316.

할 수 없다는 점이다.[87]

 마지막으로 허무주의자는 과거에 대해서는 그 어느 것도 확실히 알려질 수 있는 것은 없다고 생각한다.[88] 이 유형에 속하는 사람으로는 데카르트(Rene Descares, 1595-1650), 비코(Giambattista Vico, 1688-1744), 칸트(Immanuel Kant, 1724-1804), 헤르더(Gottfried Herder, 1744-1803), 헤겔(G. W. F. Hegel, 1770-1832), 랑케, 딜타이(Wilhelm Dilthey, 1833-1911), 니체(Friedrich Nietzsche, 1844-1900), 베버(Max Weber, 1864-1920) 등이다. 프라이켄버그는 20세기 허무주의자의 리더는 베커라고 보았다.[89]

 "기독교와 역사: 참고도서 목록 에세이"(Christianity and History: A Bibliographical Essay)에서, 리엔스트라(M. Howard Rienstra)는 기독교와 역사를 결합하려고 시도했던 학자들을 다음과 같이 나누었다.

 (1) 역사가로서 역사를 구성하고 해석한 역사가들: 라투렛, 버터필드(Herbert Butterfield, 1900-1979), 하빈슨(E. Harris Harbison, 1907-1964). (2) 철학자로서 역사를 구성하고 해석한 철학자들: 내시, 레빗(Karl Lowith, 1877-1973), 니버(Reinhold Niebuhr. 1892-1971). (3) 신학자로서 역사를 구성하고 해석한 신학자들: 니버(H. Richard Niebuhr, 1894-1962), 라너(Karl J. Rahner, 1904-1984), 불트만(Rudolf Bultmann, 1884-1976).[90]

 현재 미국의 유명한 교회사가인 헨리 W. 보든(Henry W. Bowden)은 미국의 역사서술에 대해 매우 유용한 개론서를 저술했다. 보든은 라즈거대

---

87) Ibid., 318.
88) Ibid., 319.
89) Ibid., 319-20. Cf. Nash, *The Meaning of History*.
90) M. Howard Rienstra, "Christianity and History: A Bibliographical Essay," in *A Christian View of History*, ed. George Marsden and Frank Roberts (Grand Rapids, Mich.: William B. Eerdmans Publishing Company, 1975), 181-96.

학교(Rutgers University)의 종교학 교수이며 역사서술의 변천, 현대 교회의 문제들, 소수 인종, 특별히 미국의 인디언의 존속력(vitality)과 같은 주제들을 연구했다.[91] 그의 중요한 저서들은 다음과 같다. 《과학 시대의 교회사: 1876-1918년 미국의 역사서술의 유형들》(*Church History in An Age of Science: His-toriographical Patterns in the United States 1876-1918*, 1971), *Dictionary of American Religious Biography* (1977, 1993 second edition), *American Indians and Christian Missions: Studies in Cultural Conflict* (1985), 《불확실성 시대의 교회사: 1906-1990 미국의 역사서술의 유형들》(*Church History in An Age of Uncertainty: Historiographical Patterns in the United States, 1906-1990*, 1991)과 *American Church History: A Reader* (1998).

《과학 시대의 교회사》와 《불확실성 시대의 교회사》에서, 보든은 미국의 역사서슬의 유형들을 《과학의 시대에서의 교회사, 1876-1918》, 즉 역사에 대한 과학적 접근의 시기와 "불확실성 시대의 교회사," 즉 역사에 대한 비과학적 접근의 시기로 나누었다. 위의 두 책들은 미국 역사서술의 변천과 내용에 대해 훌륭한 소개서이다. 다소 내용이 길 수 있지만 지난 140여 년 동안 역사서술의 주요 변천과정을 개관하기 위해 좀 더 자세히 내용을 살펴보자.

---

91) Bowden, *Church History in an Age of Uncertainty*, 280.

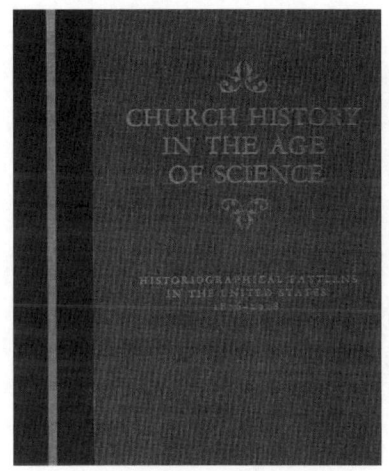 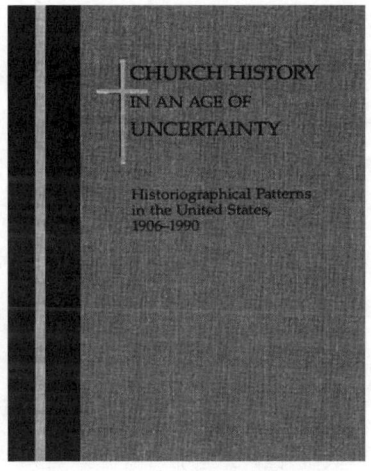

《과학시대의 역사서술》(1971)   《불확실성시대의 역사서술》(1991)

2. 1876-1918년 미국 역사서술의 유형들(확실성, 과학시대의 교회사)

자신의 논문 "교회사의 과학과 아이디어: 미국의 논쟁"(Science and the Idea of Church History: An American Debate)에서, 보든은 1884년과 1896년 사이를 미국인들의 사고의 분수령으로 간주했다.

"한 때 역사를 애국지사 대하듯 혹은 성인 취급하듯 다루던 시기로부터 자의식적으로, 아마도 천진난만하게, 문서의 증거에 집착하던 시기로 바뀌었다."[92]

이 시기에, 과학적 객관성과 정확성에 대한 이상은 학계에 큰 영향을

---

92) Henry W. Bowden, "Science and the Idea of Church History: An American Debate," *Church History* 36 (summer 1967): 308.

끼쳤다. 보든에 따르면, 과학적 역사는 두 가지 사상, 즉 경험적 객관성과 자연주의적 편견(a naturalistic bias)에 기초했다. 이 사상들은 역사를 세속의 역사와 교회의 역사로 나누고 먼저 세속의 역사는 인류의 발전이라는 사상에 근거를 두었고 다원주의 사상의 영향을 받았다. 반면에 교회의 역사는 기독교사상의 발전 혹은 하나님 나라의 시작, 성장, 결국에 승리하리라는 사상에 근거를 두었다. 1897년 미국교회사학회(ASCH) 모임은 역사학계를 수백년 동안 지배해왔던 종교 학자들이 세속주의자들로 대체되었음을 보여준 사건이라고 보든은 평가했다.[93] 1930년대 이전 대부분의 역사가들은 그 이전의 종교학자들과 달리 "전제 없이 증거를 객관적으로 연구하고 해석하는 일에 과학을 그들의 이상으로 삼았다."[94]

미국에서 과학적인 역사서술의 등장 이전에, 역사가들 사이에 널리 퍼져있었던 두 가지 일반적인 태도가 있었다. 하나는 낭만주의적 태도로, 이것은 "공감을 불러일으키는 상상"과 "뛰어난 문학적인 기교"를 강조하는 것이었다. 또 다른 하나는 기록 보관인의 태도(an archivist attitude)로, 이것은 "반박할 수 없는 공정한 1차 자료들을 모으고 배열하는 일"에 관심을 두는 것이었다. 이 기록 보관인들은 그들의 연구를 원래(pristine)의 문서 자체에 국한시켰다.[95]

하지만, 과학적 역사에 기초한 역사적 세미나로 불려진 새로운 방법이 독일에서 공부한 미국의 몇몇 역사가들에 의해 도입되면서 위의 낭만주의적 태도와 기록 보관인의 태도는 비판받게 되었다. 아담스(Charles K. Adams, 1835-1902), 타일러(Moses C. Tyler, 1835-1900), 아담스(Herbert B. Adams, 1850-1901), 애머튼(Ephraim Emerton, 1851-

---

93) Ibid., 308-326. Henry Warner Bowden, *Church History in the Age of Science: Historiographical Patterns in the UnitedStates 1876-1918* (Chapel Hill, N.C.: The University of North Carolina Press, 1971), 67.
94) Bowden, *Church History in the Age of Uncertainty*, x.
95) Bowden, *Church History in the Age of Science*, 4-6.

1935), 워커(Williston Walker, 1860-1922), 매기퍼트(Arthur C. Mc-Giffert, 1861-1933), 버치(G. E. W. Birch), 라우셴부쉬(Walter Rauschenbush, 1861-1918), 포스터(Frank Hugh Foster, 1851-1935) 등과 같은 새로운 방법으로 훈련받은 학자들은 랑케를 자신들의 선조와 모범으로 존중하며 편견 없는 역사서술을 하는 일에 과학을 자신들의 도구로 간주했다.[96]

실례로 하버드 신학부 교수(1882-1918)인 에머톤은 과학적 사상들과 세미나 연구방법을 받아들였다. 베를린대학교와 라이프찌히대학교(Ph.D 1876)에서 수학한 에머톤은 교회사를 일반사의 일부로 보고, 교회들이 사회기관이기 때문에 교회사는 '신학적인 분야'가 아니라 '역사학'임에 틀림없다고 주장했다.[97] 워커는 에머톤의 접근방법을 받아들이고 교회사를 서술할 때 정치적인 상황들과 제도상의 요소들(institutional elements)을 강조하면서 경험적이며 객관적인 교회사를 쓰려고 시도했다.[98]

1888년 아돌프 하르낙(Adolf Harnack, 1851-1930)의 지도 하에 마르브르크대학교(Marburg University)에서 박사학위를 취득한 매기퍼트는 과학을 존중하고 사회 개선(social betterness)에 관심을 가졌다. 그는 교회사의 가치는 결국 현대의 기준들에 의해 평가되어야 한다고 언급하고 이 평가 기준들은 과학적 자연주의(scientific naturalism), 예수 복음의 단순성에 대한 초점, 사회에 대한 관심과 같은 것들이 될 수 있을 것이라고 주장했다.[99] 영국과 독일에서 공부했고 로체스터신학대학원(Rochester Theological Seminary) 교수인 라우셴부쉬는 교회를 구원의 문제에 있어서 사회적 요소로 보고, 교회의 일차적인 임무는 사회적 기초를 놓은 것으로 보았다. 왜냐하면 교회는 "기독교인의 삶의 조직화된 사회적 표현"(the

---

96) Bowden, *Church History in the Age of Uncertainty*, x.
97) Bowden, *Church History in the Age of Science*, 105. Cf. 95.
98) Ibid., 121-3.
99) Ibid., 159.

organized social expression of the Christian life)으로 생각되었기 때문이다.[100]

이에 대해 샤프(Philip Schaff, 1819-1893)와 쉬아(John G. Shea, 1824-1892)는 교회사를 역사학이라기보다는 신학적인 학문으로 판단했다. 개신교 교회 역사가인 샤프는 기독교 역사는 종교 발전에 중요했다고 주장하며, 기독교 역사를 "내적으로 합리적이며 필연적인 법칙에 따라 나아가는 "하나님의 구원계획의 진화"(the evolution of God' plan of redemption)로 정의했다.[101] 그에 따르면, 종교적 시각은 역사를 해석하는 데 합리적인 방법(legitimate way)을 제공하며 교회사는 하나님의 계시와 인류에게 좋은 것들을 영원히 주시고자 하는 것에 대한 관심을 기초로 쓰여질 수 있다고 주장했다. 샤프는 경험적 연구(empirical study)와 종교적 헌신(religious commitment) 사이의 조화를 추구하고 미국역사학회(AHA)의 영향력에 대항하기 위해 1887년 미국교회사학회(the American Society of Church History, 이후 ASCH)를 설립했고, 기독교 세계에서 "교회일치 활동"을 하였다.[102] 미국가톨릭 역사의 아버지인 쉬아는 1차적인 자료를 기초로 4권으로 구성된 책《미국 가톨릭 교회 역사: 첫 번째 식민지 시대부터 현재까지》(History of the Catholic Church within the Limits of the United States, from the First Attempted Colonization to the Present Time, 1892)를 저술했는데, 그는 대표적인 기록 보관인에 해당된다고 볼 수 있다.[103]

---

100) Ibid., 176.
101) Ibid., 48.
102) Ibid., 58-9. 보든이 언급한대로, 미국교회사학회를 설립한 주요 이유는 "기독교 세계의 분열을 치유할 길을 준비하고 그리스도를 예배하는 모든 사람들을 연합시키기 위함"이었다.
103) Bowden, Church History in the Age of Science, 73-4.

3. 1918 - 현재까지의 미국 역사서술의 유형들(불확실성 시대의 교회사)

《불확실성 시대의 교회사》에서, 보든은 "1930년대 즈음에 과학적 모델은 더 이상 가치 있는 것으로 여겨지지 않았고 그것을 대체할 만한 것도 없었다"고 주장했다.[104] 미국에서 가장 유명했던 25명의 역사가들을 다루면서, 보든은 과거에 대한 연구에서 '주관적인 이해관계'(subjective interests)나 '전제들'의 영향을 보여주려고 노력하며, 현대 역사의 특징을 그 이전의 통일성(uniformity)을 거부하는 불확실성의 시기로 규정했다.[105]

"신선한 출발: 혁신과 함께하는 연속성"(A Fresh Start: Continuity with Innovations)이라는 장(章)에서, 보든은 새로운 견해의 출현을 다루었다. 그는 과학적 교회사를 세 가지 견해, 즉 과학적 역사가들, 수정주의자들(revisionists), 그리고 전통주의자들로 나누고 과학적 역사가들은 원인과 결과에 기초한 구체적인 자료에 집중하여 교회와 관련된 주제들을 연구했다고 주장했다.[106] 그의 설명에 따르면, 실례로 워커와 에머톤은 종교에 대한 연구들을 "세속의 현상, 만져질 수 있는 인간의 사고와 가치들의 결과물들"로 간주했다.[107] 이에 비해 수정주의 역사가들은 교리와 윤리적인 기준들이 어떻게 변화하는 상황에 따라 적응했는지를 보여주기 위해 역사를 연구했다.[108] 이들은 종교적인 개혁을 추구했는데, 맥기퍼트가 이 유형에 속했다. 전통주의 역사가들은 '교리적 그리고 윤리적 안내'를 위해 역사를 연구했다.[109] 미국교회사협회(ASCH) 회원들은 이러한 견해를 가졌

---

104) Bowden, *Church History in the Age of Uncertainty*, x.
105) Ibid., xi.
106) Ibid., 1.
107) Ibid., 34.
108) Ibid., 2.
109) Ibid.

으며 1920년대에 몇몇 새로운 역사가들은 과학으로서의 역사를 의문시했으며 공격했다.

"과학적 객관성의 종말, 새로운 변증론의 출현"(The End of Scientific Objectivity, the Emergence of New Apologetics)라는 장에서, 보든은 1930년대에 역사적 객관성을 거짓이라고 공격했던 역사가들을 소개했다. 이 역사가들 중 대표적인 사람은 베커와 비어드로 이들은 역사가들이 완전히 객관적일 수도 없으며 편견이 없을 수 없다고 주장했다.[110] 이들은 역사서술에서 '편견 없는 관찰'은 불가능하며, '미리 결정된 개인의 이해관계'를 피할 수 없다고 주장했다. 보든은 이들의 견해를 소개한 후, 다음과 같이 결론 내렸다.

"1930년대와 그 이후로 그 어느 누구도 객관적 진리, 절대적 실체, 공정한 역사(disinterested history)를 위해 보편적으로 타당한 기준과 같은 이전의 가정들을 방어하려하지 않았다."[111]

1930년대 즈음에 역사가들은 근대세계의 세가지 요소들인 상대성, 불확정성(indeterminism), 불연속성(discontinuity)을 강조했다. 보든은 역사학계에서 바아서인 베버니즘에 출발을 기재오는데 중요한 역할을 한 교회사가로 호르(George E. Horr, 1880-2012)와 로웰(William W. Rockwell, 1824-?)을 들었다.[112]

1930년대 이후, 대부분의 미국 역사가들은 '과학적 이상'을 거부하고 몇몇 다른 사유학파들(several different schools of thought)을 허용했다. 스위트(William W. Sweet, 1881-1959)와 라투렛 등과 같은 새로운 변증론자들은 인간사에서 기독교가 어떻게 그 탁월함(prominence)을 드러냈

---

110) Ibid., 35.
111) Ibid., 40.
112) Bowden, *Church History in the Age of Uncertainty*, 44.

는지를 보여주기 위해 노력했다. 스위트는 기독교가 미국 문화를 형성하는 데에 중요한 역할을 했다고 주장하고 미국 기독교의 가장 분명한 특색들은 개척 경험, 사회개혁, 부흥주의, 종교적 자유를 제공한 점이라고 주장했다.[113] 라투렛은 기독교의 중요성을 증명하기 위해 '세속의 기준들'을 사용했다. 그는 실제의 자료들을 모으는 것과 같은 '경험적인 사전작업'(empirical spadework)에 영적인 통찰력(spiritual insight)과 신앙(faith)을 결합시켰다.[114] 즉, 라투렛은 신앙과 이성의 조화가 가능하다고 주장했다.

"신앙의 눈을 통해 역사를 보면 혼란스럽고 모순처럼 보이는 것을 알게 해준다."[115]

"역사의 기초로서의 고교회론(Higher Ecclesiology as a Basis for History)이라는 장에서, 보든은 "신정통주의"로 알려진 신학적 경향이 어떻게 교회론과 교회 역사서술에 영향을 끼쳤는지를 지적했다. 신정통주의는 '교회의 영적인 본성'을 강조한 반면 사회적, 문화적 요인들을 약화시켰다. 실례로, 신정통주의자들인 리차드슨(Cyril C. Richardson, 1909-1976), 니콜스(James H. Nichols), 트린터루드(Leonard J. Trinterud, 1904-1993)는 "종교적 관념들"(religious ideas)과 '엄격한 경험적 기준들'(strict empirical stan-dards)을 결합하기 위해 노력했다. 리차드슨은 "역사는 계시에 대한 이야기이며 계시의 도구이다"라고 언급했다.[116] 니콜스는 교회사는 '사회적 혹은 문화적 역사'가 아니라 '특별한 구속과 교회 내의 새로운 생명'의 이야기라고 주장했다.[117] 트린터루드는 교회를 '하나

---

113) Ibid., 51-5.
114) Ibid., 59-60.
115) Latourette, *History of Christianity*, 1474; cited in Bowden's Church History in the Age Uncertainty, 64.
116) Ibid., 68.

님의 구속 사역'으로 그리고 모든 세상의 일들을 '하나님의 행동'으로 보았다.[118]

"합의와 공동의 과거를 위한 연구들"(Searches for Consensus and a Common Past)이라는 장에서, 보든은 20세기 중엽의 교회사에 대해 다루었다. 세계 2차대전 후, 미국과 서부 유럽의 역사가들은 사회, 기관들, 여러 세대들 속에 지속되었던 가치들을 찾기 시작했다.[119] 실례로, 베인튼(Roland H. Bainton, 1894-1984)은 기독교 역사에서 '세속적 이교주의'(secular paganism)의 해독제로서 계속 존재했던 세 가지 주제들을 강조했다. 첫 번째 주제는 "평화주의, 전쟁의 잔혹함으로부터의 자유"였다.[120] 두 번째 주제는 "열린 토론, 즉 진리를 추구하고 다른 견해들을 비판할 자유"였으며,[121] 마지막 주제는 "관용, 종교적 차이의 허용"이었다.[122] 베인톤은 이 세 가지 주제들이 기독교 역사에서 지속된 가치들이었다고 주장했다. 허드슨(Winthrop S. Hudson, 1911-2001)은 기독교에서의 자유와 관용을 강조했고,[123] 미드(Sidney E. Mead, 1904-1999)는 좋은 시민이 되는 것과 좋은 교회 회원이 되는 것 사이의 갈등(conflict)이 계속되었던 가치들이었다고 지적하고, 이 갈등을 '종교적 백혈병'(religious leukemia) 혹은 '갈라진 마음'(bifurcated minds)이라 불렀다.[124]

"지성사와 관념의 역사"(Intellectual History and the History of Ideas)라는 장에서, 보든은 과거의 경험에서 관념들의 중요성을 강조했던 역사가들을 다루었다. 인간이 행동할 때에 도구적 요인들(instrumental

---

117) Ibid., 76.
118) Ibid., 88.
119) Ibid., 90.
120) Ibid., 93.
121) Ibid.
122) Ibid.
123) Ibid., 101.
124) Ibid., 112

factors)이 중요한 것처럼 지성사에는 관념들의 인과관계의 힘(the causal power of ideas)이 중요했다고 보든은 주장했다.[125] 실례로, 스미스(H. Shelton Smith, 1893-1987)와 맥닐(John T. McNeill, 1885-1975)은 관념들을 행동의 원인들로 파악했다. 밀러(Perry Miller, 1905-1963)와 슈나이더(Herbert W. Schneider, 1892-1984) 또한 관념들을 인간의 사건들의 중요한 원인들로 인정했다.[126]

"종합과 새로운 탐험들"(Syntheses and New Explorations)라는 장에서, 보든은 "교회 생활의 기관, 사회적, 지적인 측면들"을 강조했던 1960년과 1972년의 교회 역사가들에 초점을 맞추었다.[127] 실례로 옴스테드(Clifton E. Olmstead)는 그리스도인의 삶은 개인의 구원을 넘어 사회를 개혁하는 곳으로 나아가야 한다고 주장했다.[128] 스미스(H. Shelton Smith, 1893-1987), 핸디(Robert T. Handy, 1918-2009), 레취(Lefferts A. Loetscher, 1904-1981) 등도 폭넓은 미국 문화에 있어서의 종교적 사고와 교회 활동들의 영향을 강조했다.[129]

"후반기 10년의 훌륭한 학문"(Exemplary Scholarship in the Penultimate Decade)이라는 장에서, 보든은 1960년대와 1970년대 동안에 저술했던 세 명의 교회사가들을 다루었다.[130] 핸디는 캐나다와 미국의 종교적 삶에서 유사성과 차이점들을 연구하며 미국에서 미국화된 기독교를 무비판적으로 수용한 것에 대해 지적했다. 엘리스(John T. Ellis)는 가톨릭 역사가들에게 어떤 주제든지 정확하고 솔직한 증거에 기초하여 과거를 연구할 것을 촉구했다.[131] 펠리칸(Jaroslav J. Pelikan, 1923-2006)은 여러 교단

---

125) Ibid., 128.
126) Ibid., 162.
127) Ibid., 164.
128) Ibid., 167.
129) Ibid., 168-71.
130) Ibid., 186.
131) Ibid., 186-206. 특히 199를 보라.

들 사이에 기독교 교리의 연속성과 변화의 문제를 언급하면서, "삼위일체," "성육신," "그리스도," "인성," "교회"의 교리들의 역사적인 발전을 추적하며 기독교 전통이 어떻게 형성되었는지를 잘 설명해 주었다. 그는 기독교 전통은 현대 그리스도인들이 논쟁을 넘어 진리와 연합으로 나갈 수 있게 하는 이 중요한 교리들에 의해 형성되었다고 주장했다.[132]

제3세계 기독교 가족의 등장과 미국에서의 소수 그룹들의 성장은 역사가들에게 새롭고 도전적인 문제를 제공했다. 특히 러셀(Horace O. Russell)의 논문 "제3세계의 교회사 다시 쓰기"(The Rewriting of Church History in the Third World)는 이러한 소수 그룹들의 성장이 교회사에 대한 전통적인 유럽 중심의 해석에 어떻게 도전했는지를 다루고 있다. 특히 1960년대와 1970년대의 흑인 인권신장 운동의 도래, 간디의 이상주의, 이슬람의 이상, 금욕주의적인 동양의 삶의 스타일, 인종과 성의 문제들이 전통적인 유럽 중심의 시야에 머물렀던 교회 역사가들의 해석에 큰 변화를 주었다.[133]

알스트롬(Sydney Ahlstrom)은 미국의 지배적인 민족정신(ethos)의 변화를 추적했다. 그의 분석에 따르면, 첫번째 미국의 지배적인 민족정신은 백인, 앵글로-색손 혈통과 개신교를 중심으로 형성(1776-1877)되었고 이러한 정신은 1877년 새로운 "지방중심주의(sectionalism), 다인종문제, 로마 가톨릭과 유대교의 출현과 함께 무너져, 결국 예전의 백인, 앵글로-색손 혈통, 개신교 중심의 민족정신은 더이상 주류가 되지 못하고 주변부로 밀려나게 되었다.[134] 유럽의 청교도들이 식민지 미국에 정착하여 뉴잉글랜

---

132) Ibid., 206-18
133) Horace O. Russell, "The Rewriting of Church History in the ThirdWorld," *Review & Expositor* 82 (spring 1985): 247-55.
134) Glenn R. Bucher, "Options for American Religious History," *Theology Today* 33 (July 1976): 182. 알스트롬은 《미국 사람들의 종교 역사》(A *Religious History of the American People*, New Haven: Yale University Press, 1972)에서 이 주제들을 언급

드를 설립하였던 시기와 세계 제2차대전 사이에 미국 종교의 주요 민족정신은 "개혁주의와 청교도 영향"(the Reformed and Puritan impulses)이었다고 말할 수 있으나 이것 또한 1960년대와 1970년대에 막을 내렸다. 따라서 알스트롬은 1960년대와 1970년대를 "개신교 - 이후와 청교도 - 이후"라고 부르고,[135] 이 시기에 미국의 기독교는 종교적 다양성과 다원주의에 의해 지배받기 시작했으며 변방의 그룹들이 더욱 각광받게 되며 목소리를 높이게 되었다고 주장했다. 백인들과 다른 흑인들의 종교적인 경험은 역사해석에 있어서 기존의 접근 방법을 송두리채 변화시켰다.[136] 버처(Bucher)가 주장한 것처럼, 새로운 다원주의는 미국 역사에서 이러한 새로운 시각을 반영하는 교회의 새로운 해석을 요구했다.

했다.
135) Bucher, "Options for American Religious History," 179-80.
136) Ibid., 179, 181, 185.

제2부

칼 로투스 베커(Carl Lotus Becker, 1873-1945)의 역사서술

칼 로투스 베커

주저 《18세기 철학자들의 도성》(1925)

제1장
베커의 생애와 사상

1. 일반적인 평가

베커의 생애를 소개하는 대표적인 서적들은 다음과 같다: 윌킨스(Burleigh T. Wilkins, 1932-2015)의 《칼 베커: 미국의 지적 역사에서의 역사서술 연구》(*Carl Becker: A Bibliographical Study in American Intellectual History*, 1961); 카맨(Michael G. Kammen, 1936-2013)의 《역사의 이점은 무엇인가?: 베커의 엄선된 편지, 1900-1945》(*What Is the Good of History?": Selected Letters of Carl L. Becker*, 1900-1945, 1973); 스미스(Charlotte W. Smith)의 《칼 베커: 역사와 견해의 사조에 대하여》(*Carl Becker: On History & the Climate of Opinion*, 1956); 브라운(Robert E. Brown)의 《칼 베커: 역사와 미국의 혁명에 대하여》(*Carl Becker on History and the American Revolution*, 1970).

스미스는 미국의 사상에 있어 베커를 "미국의 역사가," "작가," "전문적인 철학자," "행동하는 사람"으로 평가했다.[1] 베커는 역사를 공부하는 학생과 선생으로 위스콘신대학교(the University of Wisconsin, 1893-1907)에서는 터너(Frederick Jackson Turner, 1861-1932), 엘리(Richard Theodore Ely, 1854-1943), 프리맨(John Charles Freeman), 해스킨스(Charles Homer Haskins, 1870-1937) 등에게서 가르침을 받았고 콜롬비아대학교(the Columbia University, 1898-1899)에서는 버게스(John W. Burgess, 1844-1931), 오스굿(Herbert L. Osgood, 1855-1918), 로빈슨(James Harvey Robinson, 1863-1936) 등에게서 수학했다.[2] 이후에 베커는 캔사스대학교(the University of Kansas, 1902-1915), 미내소타대학교(the University of Minnesota, 1916), 코넬대학교(the Cornell University, 1917-1941), 스미스대학(Smith College, 1942-1943)에서 훌륭한 선생으로 역사를 가르쳤다.[3]

다작가였던 베커는 16권의 서적들, 75편의 논문들, 다수의 비평글들을 썼다.[4] 그의 학문과 생애의 특징을 설명하면 다음과 같다. 첫째, 베커는 문학가였다. 그는 "쓰기의 예술"(The Art of Writing)에 대해 연구했고 강의했다. 그는 좋은 글 쓰기가 무엇인가?를 묻고, 저자가 전달하기를 원하는 사상을 완전하고도 명확하게 전달하는 것이라고 정의했다.[5] 모범적인 스타일 리스트는 "적절한 장소에 적절한 단어들"을 사용한다고 생각한 베커

---

1) Charlotte Watkins Smith, *Carl Becker: On History & the Climate of Opinion* (Ithaca, N.Y.: Cornell University, 1956), vi-vii.
2) Ibid., 6, 16. 터너, 해스킨스, 로빈슨, 오스굿 모두는 과학적 역사를 거부하였다. 특히, 터너는 '사실들'(facts)이 아니라 '관념들'(ideas)에 관심을 두었다. 이러한 경향은 베커에 영향을 주어 후에 '사실들' 보다는 '보편적인 관념들'에 관심을 두게 되었다. 48-9.
3) Michael Kammen, ed., *"What Is the Good of History?": Selected Letters of Carl L. Becker, 1900-1945* (Ithaca, N.Y.: Cornell University Press, 1973), xxxi-xxxii. 베어드는 베커를 역사가로 보지 않았다. 왜냐하면 베커의 거의 모든 서적들은 전문가들이 아닌 일반 대중들을 대상으로 쓰여졌기 때문이었다. Novick, *That Noble Dream*, 253.
4) Peter C. Mancall, "Carl Lotus Becker," in *American National Biography*, vol. 2, ed. John A. Garraty and Mark C. Carnes (New York: Oxford University Press, 1999), 442.

는 "순수한 산문체"(fine pros style)를 선호했다.

둘째, 그는 역사를 쓰는 것의 철학 혹은 합리적인 개념(rational conception)을 명확히 하고 표현하는 일에 계속 관심을 가졌다.[6] 그는 역사가를 지식을 형성하는 의식이나 정신(mind)의 역할을 강조하였던 칸트학파의 철학자들과 동일시했다.[7] 베커는 유명한 실용주의자이며 심리학자인 윌리엄 제임스(William James, 1842-1910)의 사상을 받아들였는데, 제임스는 실용주의 방법을 "그 각각의 실제적인 결과를 추적함으로써 각 개념을 해석하려는 것"으로, 실용주의를 "철학에서의 경험론자들의 태도"로 정의했다.[8]

베커에 끼친 제임스의 사상은 중요했는데, 좀 더 살펴보면 다음과 같다. 제임스가 정의한대로, 실용적인 방법은 "첫 번째 것들, 원리들, 범주들, 가정된 필요성(supposed necessities)을 벗어나려는 태도이며 마지막 것들, 열매, 결과, 사실들을 추구하는 태도"였다.[9] 이러한 점에서 보면, 인간의 사상, 신앙, 이론들은 실체나 경험을 해석하는 "인간 역사의 산물들"이 된다. 따라서 진리라는 개념은 그것들이 다른 것들에게 도움이 되는 한에서만 가치가 있게 된다.[10] 제임스는 '구체적인 실체'가 결여되어 있다고 판단한 형이상학적이든, 신학적이든, 이성적이든 추상적인 개념들이나 관념들을 거부했다.[11] 결국 제임스는 "진리는 발견되는 것이 아니라 인간의

---

5) Phil. L. Snyder, ed., *Detachment and the Writing of History: Essays and Letters of Carl L. Becker* (Ithaca, N.Y.: Cornell University, 1958), 134.
6) Ibid.
7) Ibid., viii.
8) William James, *Pragmatism: A New Name for Some OldWays of Thinking* (New York: Longmans, Green and Co., 1949), 45, 51.
9) Ibid., 54-5.
10) Davaney, *Historicism*, 41.
11) William James, "The Will to Believe," (1895) 70; quoted in *American Pragmatism: Peirce, James, and Dewey,* by Edward C. Moore (New York: Columbia University Press, 1961), 136.

경험을 증가시키거나 확장시키기 위해 발명되는 것"이라고 주장했다.[12] 또한 제임스는 인식(cognition)을 '의식의 기능'으로 정의하고 인간의 경험은 끊임없이 '변화의 과정'에 있으며 인간의 의식도 끊임없이 변화하고 있다고 주장했다. 따라서 제임스는 의식은 비실재(nonentity)거나, 존재이거나 존재하지 않는다고 주장했다. 러브조이(Arther O. Lovejoy, 1873-1962)가 언급했듯이, 현재는 단지 일종의 정신의 상태(a state of mind)로 그 자체로 존재하지 않으며 "그것은 분석에 의해서만 존재할 수 있는 것에 불과했다."[13]

> "어떤 사람에게 그가 행했던 것과 연결시키는 기억과 과거를 적절하게 현재에 재진술하고 재구성하는 지성의 연합. 그가 미래에 하기를 원하는 것이라는 기대하에서 … 이러한 견해로부터 감정과 목적으로부터 지성을 완전하게 분리 할 수 없고 정신을 행위와 행동으로부터 분리 할 수 없다."[14]

동일하게 베커도 역사를 서술하는데 있어서 사실 혹은 과학과 상상력에 의한 해석(imaginative interpretation) 혹은 역사를 서술하는 솜씨(art)를 결합시키려고 했다. 역사서술에 대한 자신의 견해를 베커는 "모든 사람은 그 자신이 역사가이다"(Everyman His Own Historian)라는 자신의 미국역사학회(AHA) 의장 연설에서 자세히 설명했다.[15]

셋째, 역사에 대한 그의 연구는 그의 '폭넓고 예리한 지적 호기심'을 보여준다.[16] 베커의 철학적인 성향에 대해, 스미스는 베커의 특별한 관심

---

12) Davaney, *Historicism*, 73.
13) Arthur O. Lovejoy, *The Thirteen Pragmatisms and Other Essays* (Baltimore, Md.: The Johns Hopkins Press, 1963), 114.
14) Snyder, *Detachment and the Writing of History*, x.
15) Ibid., ix.

은 '역사적 사실들' 혹은 '사실들의 재구성'에 있지 않고 '역사의 보편적인 관념들'(general ideas of history)과 같은 '철학적인 기초'에 있었다고 지적했다.[17] 베커는 항상 '무엇' 뿐만 아니라 '왜'를 물었다. 1910년 5월 16일 터너(Turner) 교수에게 편지를 쓸 때, 그는 '역사의 사실들'에 대해서는 배운 것이 거의 없다고 고백했다.

"저는 사실들을 거의 배우지 못했습니다. … 저에게, 역사적인 사실들보다 더욱 한심한 것은 없습니다. 저는 오직 인간 존재의 끝없는 수수께끼를 풀기위한 노력에서 행해지는 활동에 관심이 있습니다."[18]

역사적 사실 그 자체보다 역사가의 활동에 더욱 관심을 둔 베커의 사상은 역사서술에 대한 그의 첫 번째 글인 "공평과 역사서술"(Detachment and the Writing of History)이라는 글속에 잘 드러난다.
행동하는 사람으로서 베커의 공헌은 많은 미국의 학생들에게 정치사상을 가르친 것과 '역사를 공부하는 것 대신에' 역사를 만든 것이었다.[19] 그의 정치적인 시각은 일차적으로 민주주의 정신과 미국의 역사를 형성하는데에 있어서 변방(frontier)의 역할과 같은 미국의 '새로운 환경들'의 영향에 관심을 두었다. 이러한 관심들이 베커의 연구의 중심 주제였고 그가 미국의 역사에 대해 저술했던 몇몇 책들이 이러한 내용들을 다루었다.[20]

---

16) Ibid., viii.
17) Smith, *Carl Becker*, 44, 49-50.
18) Kammen, ed., *What Is the Good of History?*, 15-7.
19) Smith, Carl Becker, vii.
20) Ibid., vii.; Wilkins, *Carl Becker*, 44.

2. 베커의 생애와 학창시절

베커는 1873년 9월 7일 아이오와 주 블랙 호크 카운티(Black Hawk County, Iowa)에서 독일계 루터교인이었던 아버지 찰스 베커(Charles Becker)와 어머니 알메다 베커(Almeda Becker) 사이에서 태어났다. 아이오와 주 워터루로 이사한 후, 그는 고등학교를 졸업하고 아이오와 주 머논 산(Mt. Vernon)에 위치한 감리교 대학인 코넬대학(Cornel College)에 1892년 등록했다. 1년 후 그는 입학생으로 위스콘신대학교(the Univesity of Wisconsin)로 전학했고 그곳의 유명한 진보주의 역사가이며 '새로운 역사'(New History)라고 알려진 사상의 주창자였던 터너(Frederick Jackson Turner, 1861-1932) 교수의 역사 수업을 처음으로 듣게 되었다.[21]

베커가 접한 진보주의 역사와 새로운 역사는 무엇인가? 진보주의 역사가들은 인류의 진보의 가능성과 필요성을 강조한 사람들이었다. 진보주의 학자인 버리(John B. Bury, 1861-1927)는 인류의 진보의 개념을 분명하고 바람직한 방향으로 나아가는 인류의 진보에 기초한 '과거의 종합과 미래의 예언'(a synthesis of the past and a prophecy of the future)으로 정의했다.[22] 반면에 '새로운 역사'란 로빈슨(James H. Robinson, 1863-1936)의 연구와 일차적으로 관련된 것으로, 로빈슨은 역사는 지난 정치학이나 입법 활동이 아니라 "매혹적인 인류의 활동 범위"(a fascinating spectrum of human activities)에 대한 이해라고 정의했다.[23] 베커가 왜 전학했는지는 잘 알려지지 않았지만, 어떤 학자들은 베커와 함께 코넬대학에 다니고 있었던 한 사촌이 죽음으로 그 대학교를 떠났을 것으로 보고 있다.[24] 위의 두 가

---

21) Smith, Carl Becker, 1-6.
22) J. B. Bury, *The Idea of Progress: An Inquiry into Its Origin and Growth* (New York: Dover Publications, INC., 1955), 5.
23) Bowden, *Church History in an Age of Uncertainty*, 14-5.
24) Wilkins, *Carl Becker*, 5.

지 개념은 후에 베커의 역사 활동에 큰 영향을 끼치게 된다.

베커는 위스콘신대학교에서 학부 3년과 대학원 2년 과정을 수학했다. 1898년 콜롬비아대학교가 그를 역사와 헌법분야의 연구원(a graduate fellowship)으로 초빙하여 1년간 그곳에 머물다 박사학위 졸업논문을 위해 다시 위스콘신대학교로 돌아왔고, 1907년 터너의 지도 하에 박사학위를 취득했다. 그후 베커는 계속해서 펜실베니아주립대학교(Pennsylvania State University), 다트머스대학교(Dartmouth University), 캔사스대학교(University of Kansas), 미네소타대학교(the University of Minnesota), 코넬대학교(Cornell University) 등에서 가르쳤다.

3. 위스콘신 대학시절

대학원생 시절에 베커는 위스콘신대학교에서 경제학과 정치학을 가르쳤던 엘리(Richard T. Ely, 1854-1943) 교수를 만났다. 콜롬비아대학교에서 학부(A.B, 1873)를 졸업하고 하이델베르크대학교(the University of Heidelberg)에서 박사학위(1879)를 받은 엘리는 1881년에 존스 홉킨스대학교(Johns Hopkins University)의 정치경제학 강사가 되었고, 터너를 포함하여 몇몇 대학원생들을 가르쳤다. 1892년 엘리는 위스콘신대학교로 옮기고 그곳에서 정치학과의 학과장이 되었다. 1925년 그는 뉴욕으로 가기 전에 노스웨스턴대학교(Northwestern University)로 옮겼고, 뉴욕에서 그의 여생을 보냈다.[25] 엘리는 '독단적인 영국 경제학'(dogmatic English economics)을 거부하고, 크니스(Karl Knies)가 주장했던 '과학적인 경제적, 사회적 접근방법'을 선호했다. 엘리는 위의 사상들과 상대성과 진화에 대한 그 자신의 해석을 결합시켰다.[26]

---

25) Clyde W. Barrow, "Richard Theodore Ely," in *American National Biography*, vol. 7, 475-6.

위스콘신에서의 두 번째 스승은 해스킨스(Charles H. Haskins, 1870-1937)였다. 유명한 중세학자였던 해스킨스는 존스 홉킨슨대학교에서 아담스(Herbert Baxter Adams)의 지도하에 학사(1887)와 박사학위(1890)를 취득하였다. 그는 처음으로 위스콘신대학교에서 강사와 조교수(1890-91)가 되었고 이어서 유럽사 교수(1892-1902)가 되었으며, 그 이후에는 하버드대학교 교수(1902-31)가 되었다. 《대학들의 출현》(The Rise of Universities, 1923); 《중세과학의 역사연구》(Studies in the History of Medieval Science, 1924), 《12세기 르네상스》(The Renaissance of the Twelfth Century, 1927), 《중세문화 연구》(Studies in Mediaeval Culture, 1929)와 같은 해스킨스의 유명한 저서들은 20세기 초반 미국에서 중세 역사의 연구에 영향을 주었다.[27]

해스킨스는 중세의 유럽과학의 역사를 연구했다. 그는 12세기와 13세기 초기의 과학의 부흥의 시대, 중세의 르네상스를 연구하며 아랍의 과학을 유럽에 소개하고 중세의 르네상스에 공헌했던 스페인의 역사를 연구했다.[28] 《12세기 르네상스》(The Renaissance of the 12th Century)에서 해스킨스는 중세는 암흑기이며, 정적이고, 진보가 없었다는 일반적인 믿음을 비판하고 중세의 사람들은 지식을 갈망했으며 예술, 문학, 공적인 삶(institutional life)에서 진보에 공헌했다고 주장하였다.[29] 그는 중세과학을 합리적인 과학영역으로 확립했고 해스킨스의 이러한 중세에 대한 새로운 평가는 중세에 대한 베커의 사상에 영향을 끼쳤다. 윌킨즈는 위스콘신대학교에 특별한 도그마티즘이 없음으로 과학에 대한 베커의 관심이 집중될 수

---

26) Wilkins, Carl Becker, 38.
27) Michael Altschul, "Charles Homer Haskins," in American National Biography, vol. 10, 282-4.
28) Charles Homer Haskins, Studies in the History of Mediaeval Science (New York: Frederick Ungar Publishing Co., 1924, 1927, 1955, 1960), vii-viii.
29) Haskins, The Renaissance of the 12th Century (New York: Meridian Books, 1957), v.

있었다고 보았다.[30] 이러한 지적 분위기에서 수학한 베커는 역사보다 과학에 더욱 관심을 가지게 된 것은 어찌 보면 당연하다고 볼 수 있다.

4. 콜롬비아대학 시절

비록 하버드대학교에서 연구원이 되는데는 실패했지만 베커는 1898년 박사 후보생 자격으로 콜롬비아대학교로부터 연구원 자리를 얻게 되었다. 그곳에서 그는 헌법, 유럽 역사, 국제법, 미국의 역사를 연구했다. 주 전공은 헌법이었고, 부전공은 유럽 역사로 베커의 박사학위 논문 주제는 뉴욕 지역의 정치 정당들의 역사였다.[31]

콜롬비아대학교에서 베커의 첫 번째 스승은 버제스(John William Burgess, 1844-1931)였다. 버제스는 괴팅겐(Göttingen), 라이프찌히(Leipzig), 베를린(Berlin)대학교에서 헤겔학파의 사상에 강하게 영향을 받은 몸슨(Theodore Mommsen), 트레이쉬크(Heinrich von Treitschke), 로쉬(Wilhelm Roscher), 바츠(Georg Waitz), 드로이슨(Gustav Droysen), 그네이스트(Rudolf von Gneist) 등의 지도 하에 수학했다. 버제스의 사상에 끼친 헤겔학파의 영향은 현대 국가가 인류 이성의 역사적 진보임을 증명하고 있다는 그의 믿음에서 분명했다.[32] 1876년 버제스는 역사, 정치학, 헌법의 교수가 되었다. 그는 미국의 변방(frontier, 개척지들)을 이해할 때, 사회적, 정치적, 경제적인 요인들의 종합적인 영향들을 인식해야 한다고 믿었다. 또한 그는 '사회과학들의 상호 독립'을 인정하는 방법이 필요하다고 보았다. 윌킨즈가 언급했듯이, 버제스는 역사를 단순히 '과거'가 아닌 '발달과 진보'로 간주했다.[33] 진보와 역사의 유용성에 대한

---

30) Wilkins, *Carl Becker*, 38.
31) Ibid., 47-50, 64.
32) James Farr, "John William Burgess" in *American National Biography*, vol. 3, 941.

이런 버제스의 사상은 베커에게 영향을 주었다.

베커의 두 번째 콜롬비아대학교 스승은 영국과 식민지 미국 역사를 가르쳤던 메인 주 태생인 오스굿(Herbert Levi Osgood, 1855-1918) 교수로 그는 암허스트대학(Amherst College)에서 버제스의 지도 하에 공부했다. 그는 콜롬비아대학교에서 버제스의 지도로 대학원 과정을 마치고 1896년 박사학위를 받고 그 이후 교수가 되었다. 베커는 오스굿이 가르쳤던 '정치사'에 관심을 갖게 되었는데, 영국과 미국 역사연구에서 오스굿은 사회에서의 정치적 그리고 헌법과 같은 사회적 요인들(forces)을 강조했다.[34] 오스굿의 가르침은 베커가 자신의 박사학위 논문 주제로 발전시킬 정도로 영향을 주었다.[35]

하지만 모든 스승들 가운데 역사서술에 대한 베커의 이해에 가장 영향을 끼친 사람은 '새로운 역사'라는 사상을 주장했던 터너와 로빈슨 교수였다. 역사에 대한 이들의 가르침은 베커의 역사서술을 이해하는 데에 중요하다. 터너와 로빈슨은 역사를 연구하는 일에 동일한 접근 방식을 취했다. 이 두 사람은 사회학의 문맥 속에서 역사를 연구했고 베커는 역사연구에 있어 환경적 요소들을 강조했던 이들의 방법에 매혹되었다.[36]

---

33) Wilkins, *Carl Becker*, 55.
34) Ibid., 64.
35) Ibid.
36) Novick, *That Noble Dream*, 89-98.

5. 터너의 영향

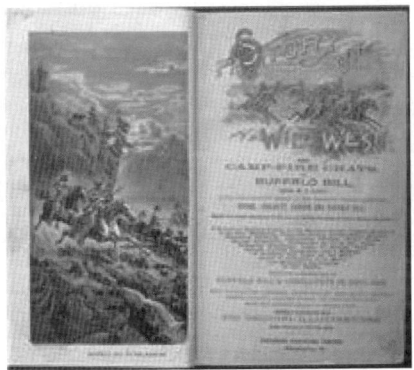

프레드릭 잭슨 터너　　그의 유명한 미국 서부의 변방가설

　　터너는 미국 역사를 이해하는 데에 새로운 시각(변방 주제)을 제공했던 혁신적인 역사가였다.[37] 위스콘신대학교의 대학원생이었던 터너는 박사과정을 위해 존스 홉킨스대학교로 옮겨 아담스(Herbert Baxter Adams)의 지도하에 미국의 역사와 정치경제학을 연구했다.[38] 이 당시 존스 홉킨스대학교의 모토는 '역사는 과거의 정치학이다'(History is Past Politics)였다. 미국 역사에서의 변방의 중요성을 연구하여 박사학위를 받은 후, 터너는 1893년에 위스콘신대학교에서 역사학 교수가 되었다. 이 대학에서 터너는 사회과학 분야에서 중요한 학자가 되었으며 베커로 하여금 역사 연구

---

37) George Rogers Taylor, ed., *The Turner Thesis: Concerning the Role of the Frontier in American History*, rev. ed. (Lexington, Mass.: D.C. Heath And Company: 1956), 76.
38) Allan G. Bogue, "Frederick Jackson Turner" in *American National Biography*, vol. 22, 17-21.

에 그의 생을 헌신하도록 격려하였다.[39]

역사적 진실은 고정되고 정적이라는 모토에 점차적으로 불만을 가진 터너는 그의 관심을 역사서술에서 '사회적, 경제적 기반'으로 급격하게 이동하여 '환경'이 관심의 중심이 되었다.[40] 이러한 접근을 주장하는 사람들은 '새로운 역사가들'(new historians) 혹은 '진보적 역사가들'(progressive historians)이라고 불렸으며,[41] 이들은 사려깊은 사람들이 세상을 개선시킬 수 있으며, 교육은 효과적인 개선의 모델이며, 역사 연구는 이러한 과정에서 중요한 역할을 한다고 믿었다.[42] 이러한 사상은 역사의 문제에 있어서 상대주의와 실용주의를 결합시켰고 베커로 하여금 이 주제에 관심을 가지게 했다.

제임스와 듀이(John Dewey, 1859-1952)의 실용주의로부터 단서를 취한 이 새로운 역사가들은 사람들의 기억은 그들의 필요에 따라 변화한다고 주장했다. 그런데 문제는 사람들의 필요가 시간과 공간 속에서 변화할 수 있다는 점이었다. 베커는 각 시간과 공간의 특징적인 지적 형식을 '시간과 공간의 준거틀'(the time and space frame of reference)이라고 불렀다.[43] 이 의미에 대해 베커는 다음과 같이 설명했다.

---

39) Strout, *The Pragmatic Revolt in American History*, 22-3. 베커는 터너를 "위스콘신의 역사가"(Wisconsin Historian)라고 불렀다." Carl Lotus Becker, "Wisconsin Historian: Frederick Jackson Turner (1861-1932)" in *Great Teachers: Portrayed by Those Who Studied under Them*, ed. Houston Peterson (New Brunswick, N.J.: Rutgers University Press, 1946), 231-50. 동일한 내용이 《모든 삶은 그 자신이 역사가이다》에 나와 있다. 191-232.

40) Novick, *That Noble Dream*, 88

41) Robinson, Charles Beard, Lynn Thorndike, James T. Shortwell at Columbia, and William E.DoddatChicagoformed "NewHistorians."Turner, Robinson, Beard, and Becker formedacircle of "ProgressiveHistorians."

42) Carl Lotus Becker, *Freedom and Responsibility in the American Way of Life* (New York: Vintage Books, 1960), xxxii. 베커와 비어드에 대한 제임스(James)와 듀위(Dewey)의 영향에 대해서 Strout의 *The Pragmatic Revolt in American History*, 23-9.

"우리가 어떤 것을 생각 할 때, 공간안에 위치해 있고 시간을 점유하고 있는 다른 것들과 관련하여 그것을 생각한다. 다시 말해서, 시간과 공간의 세계 안에서."

이러한 사상은 화이트헤드(Alfred N. Whitehead, 1861-1947)의 《자연과 현대세계》(Science and the Modern World)와 《관념들의 모험》(Adventure of Ideas)으로부터 유래했다. 이 책들로부터 베커는 "사회의 사상은 그 당시의 검증되지 않은 전제들에 의해 형성된다"는 주장을 받아들였다.[44] 위의 준거틀이라는 단어는 원래 쿤(Thomas S. Kuhn, 1922-1996)이 '패러다임'(paradigm)으로 부른 것으로, 이것은 어떤 특정한 시간에 어떤 특별한 과학과 과학자들 사이에 우세한 모든 종류의 가정, 신앙, 헌신(commitments)으로 구성되어 있는 것을 가리키는 단어였다.[45] 《18세기 철학자들의 천국》(The Heavenly City of the Eighteenth-Century Philosophers)에서 베커는 '견해의 사조'(climate of opinion)를 지배적인 전제들 혹은 어느 특별한 시기의 견해들에 의해 만들어진 문화적인 경향(ethos)을 의미하며, 이 견해의 사조는 한 시기로부터 또 다른 시기에 변화한다고 주장했다.[46] 사실 제임스와 듀이의 '시간과 공간의 준거틀'

---

43) Ibid., 74.
44) 이러한 원래의 언급은 다음의 두 책 비평글에서 볼 수 있다. J. B. Bury에 대한 비평글, The Idea of Progress, American Historical Review, 38 (January 1933): 304-6; "Books That Changed Our Minds," New Republic, 97 (December 1938), 135. 더욱 자세한 정보는 다음을 참조하라. Burleigh Taylor Wilkins, Carl Becker: A Biographical Study in American Intellectual History (Cambridge, Mass.: The M.I.T. Press, 1967), 191.
45) Thomas S. Kuhn, The Structure of Scientific Revolutions (Chicago: University of Chicago Press, 1962). 보라. M. Howard Rienstra, "History, Objectivity, and the Christian Scholar," in History and Historical Understanding, ed. C.T. McIntire and Ronald A. Wells (GrandRapids, Mich.:William B. Eerdmans Publishing Company), 175.

이 베커에게는 '견해의 사조'로 바뀐 것처럼 보인다. 위의 설명들을 종합해 보면, 진보주의적, 새로운 역사가들은 역사서술에 있어 역사적 상대주의는 받아들였고 과학적 객관성은 거부했음을 볼 수 있다.[47] 이러한 사상들이 베커의 사고 속에 분명히 보인다.

베커에 대한 터너의 영향은 상당했고 지속적이었으며 베커는 몇 차례나 이 영향에 대해 언급했다. 한 실례가 1910년 5월 16일 터너에게 쓴 다음의 편지였다.

"제가 당신의 첫 강의를 들은 것이 1894년 이었습니다 … 그때까지 저는 역사에 전혀 관심이 없었습니다. 하지만 그때 이래로 저는 전혀 멈출 수 없었습니다. 이 모든 것은 전적으로 당신으로부터 시작된 것이라고 말씀드립니다. 나에게 감명을 주었던 것들, 내속에 영원히 머물게 되었던 것들은 이 강의에 우연적으로 주어졌을지(incidental)는 몰라도 당신과는 떼어놓을 수 없을 만큼 소중한 것들이었습니다."[48]

특히 터너는 두 가지 측면에서 베커에게 큰 영향을 끼쳤다. 첫 번째는 역사에 대한 주관주의와 상대주의 견해였으며, 두 번째는 변방이라는 주제에 대한 것이었다.[49] 첫 번째 영향에 대해서 터너는 광범위한 연구를 통해 각 시대의 역사가들의 견해와 강조가 그들 자신의 시대의 필요들에 의해

---

46) Becker, *The Heavenly City of the Eighteenth-Century Philosophers*, 3d ed. (New Haven: Yale University Press, 1961), 5.
47) Strout, *The Pragmatic Revolt in American History*, 38-9.
48) Becker, "What Is the Good of History?, 15. 터너에게 헌정한 베커의 에세이에 대해서는 다음을 보라. Becker, *"Kansas" in Essays in American History: Dedicated to Frederick Jackson Turner,* ed. Guy Stanton Ford (New York: Peter Smith, 1951), 85-111.
49) Robert E. Brown, *Carl Becker on American Revolution* (East Lansing, Mich.: The Spartan Press, 1970), 60-1.

형성된다는 믿음을 갖게 되었다.[50] 1910년 미국역사학회(AHA) 의장 연설에서 터너는 다음과 같이 연설했다.

> "사실들을 언급하기 위해 역사는 단순히 원래 그것이 일어났던 대로 이야기하려는 노력에 불과하다고 주장하는 사람들은 그들이 주장하려는 그 사실이 확실한 조건들(fixed conditions)이라는 확고한 기반 위에 세워져 있지 않다는 사실로 인해 어려움에 직면해 있다. 역사는 변화하고 있는 조류 한 가운데 있으며 그 자체가 조류이며, 그 시대의 상호작용하는 영향들이며, 역사는 그 의미를 그 시대의 깊이 뿌리박힌 운동들과 관련된 사실로서 그 중요성을 파악할 수 있으며, 이 운동들은 아주 점진적이어서 종종 단지 지나간 시간들만이 사실에 대한 진실을 드러낼 수 있으며, 그 역사가의 책에 기록 할 그 권리를 드러낼 수 있다."[51]

이 연설은 과학적 객관성에 대해 공격하고 역사적 상대성을 기대하는 것이었다. 터너는 랑케의 유산을 따르는 사람들을 비판했다. 터너에 따르면, 역사적 사실들은 견고(solid)하거나 확실한(fixed) 조건 하에 있지 않았다. 그 사실들은 변화하고 있는 사조 한 가운데 있으며, 시간, 공간, 그리고 다른 것들과의 관계에 영향을 받기 쉬운 것들이라고 생각되었기 때문이었다. 터너는 다음과 같이 설명했다.

> "각 시대는 이전 세대의 역사가들이 충분히 알지 못했던 세력들(forces)의 영향력과 중요성을 보여주는 새로운 조건들이 제공하는 관점에 기초하여 최소한도로 과거의 일부라도 재고하는 것이 필요하다는 것을 발견하게 되었다. 의심할 여지없이 탐구자와 역사가는 그가 살고

---

50) Ibid., 61.
51) Turner, "Social Forces in American History," *The American Historical Review* 16, no. 2 (January 1911): 231.

있는 시대에 영향을 받는다. 이러한 사실은 비록 역사가가 편견에 노출된다는 말이 되기도 하지만 동시에 역사가가 다루려는 주제에 대해 새로운 수단과 통찰력을 제공해주기도 한다."[52]

과거에 대한 역사가의 견해는 시간, 장소, 편견, 새로운 통찰력과 같은 외부 요소들의 영향을 따라 변한다. 따라서 역사적 사실들에 대한 실제적인 가치에 대해, 베커는 터너에게 다음과 같이 편지를 보냈다.

"저에게는, 역사적 사실들보다 더 따분한 것은 없습니다. 인간의 영원한 수수께끼를 풀려는 노력에서 파생될 수 있는 공헌(service)보다 더욱 관심 있는 것은 없습니다. 이 사상은 그 어떠한 사람이 아닌 존경하는 교수님 바로 당신으로부터 온 것입니다. 저는 당신으로부터 역사적 사실들과 그것들의 효용(uses)을 구분하는 법을 배웠습니다."[53]

이곳에서 우리는 베커의 역사 연구의 제일차적인 목적이 역사적 자료가 아니라 역사가 어떻게 사용되어야 하는가에 대한 것(역사의 효용)이었다는 것을 알 수 있다. 베커는 역사적 사실들에 대한 우리 지식은 절대적이 아닌 상대적이라고 결론내렸다. 만약 이러한 생각이 회의론으로 나아간다면, 그러면 베커의 생각은 결국 회의론으로 빠져들게 될 것이다.[54] 이처럼 역사적 사건들에 대한 베커의 사상들은 터너의 사상들을 반영하고 있음을 볼 수 있다.

---

52) Ibid., 225-6.
53) Kammen, "What Is the Good of History?," 16-7. 흥미롭게도, 베커는 코넬대학에서 자신의 박사과정 학생이었던 고트초크(Louis Gottschalk)로부터 유사한 편지를 받았다. 고트초크는 1941년 6월 15일에 이런 편지를 보냈다. "저의 성향을 형성하는 데에 당신만큼 큰 영향을 끼친 분은 없습니다. 당신은 저에게 최고의 모델로 자리잡고 있습니다." 354-5.
54) Becker, "Commentary on Mandelbaum," MS; quoted from Smith, *Carl Becker*, 34.

게다가, 베커는 자신의 "Frederick Jackson Turner"라는 글에서 역사에 대한 자신의 몇몇 사상들이 터너에게서 비롯되었음을 인정했다. 베커는 터너에게서 학자의 임무는 존재하고 있는 사람들이나 사물들을 판단(judge)하는 것이 아니라 단지 이해(understand)하는 것이라고 배웠다.[55] 베커는 또한 역사는 '인간의 자기의식'(the self-consciousness of humanity)이며 역사의 중요성은 그 효용에 있음을 배웠다. 베커는 터너의 다음의 말을 인용했다.

"문제는 사람들이 역사철학을 가지고 있느냐의 여부가 아니라 그들이 가지고 있는 철학이 어떤 것에 유익한가(good)여부이다."[56]

베커에 끼친 터너의 두 번째 영향은 미국 역사에서 변방의 영향과 관련되어 있다. '변방가설'(frontier hypothesis)로 알려진 이 사상은 19세기 후반과 20세기 초반 동안 미국의 역사를 이해하는 데에 가장 논란을 불러일으켰던 개념이었다. 1893년 터너는 미국이 문명화되는 과정에서 변방이 아주 중요한 역할을 했다는 '변방가설'을 주장했다. 그는 미국이 초기에 형성될 때, 신세계의 서부정신이 미국화(Americanization)의 과정에서 독특한 힘(unique force)으로 작용했다고 보았다. 이러한 사상은 1930년대까지 일반적으로 받아들여졌으며 열광적으로 적용되었고,[57] 베커는 미국의 문명화의 주제가 "터너의 모든 연구의 중심 문제"였다고 회고했다.[58]

미국 역사에서 변방의 역할에 관심을 가진 터너는 《미국 역사의 변

---

55) Becker, "Frederick Jackson Turner," in *Everyman His Own Historian*, 205.
56) Ibid., 207.
57) Ray Allen Billington, *The American Frontier* (Washington D.C.: Service Center For Teachers of History, 1958). 1-2. Cf. Per Sveaas Andersen, *Westward is the Course of Empire: A Study in the Shaping of an American Idea: Frederick Jackson Turner's Frontier* (Oslo, Norway: Oslo University Press, 1956).
58) Billington, *The American Frontier*, 213.

방》』(The Frontier in American History, 1920)과 《새로운 서부의 부흥》 (The Rise of the New West, 1906, American Nation Series vol. 14)을 저술했다. 터너가 타계한 후, 제자들이 그의 미완성 글들을 모아서 《미국, 1830-1850》(The United States, 1830-1850, 1935)을, 그의 출판되지 않은 논문들을 모아 《미국 역사에서의 지역의 중요성》(The Significance of Sections in American History, 1932)을 출판했다.[59] "미국 역사에서 변방의 중요성"(The Significance of the Frontier in American History)이라는 글에서, 터너는 두 가지를 주장했다. 첫째, 미국의 중심은 동부나 유럽이 아니라 "위대한 서부"(the Great West)다. 미국화는 변방에서 계속 발전했으며 이 서부의 삶이 미국의 특색을 지배하게 되었다. 둘째, 민주주의와 경제적인 기회와 같은 미국의 제도나 사상들은 서부의 변방에서 확립되었다.[60] 따라서 터너는 이 위대한 서부가 미국의 사상을 형성하는데 대서양 해안보다 지금까지도 더 중요한 요인이었다고 결론내렸다.[61]

이러한 터너의 미국 변방에 대한 견해를 언급하면서 베커는 다음과 같이 언급했다.

"미국은 변방 그 자체였다. 이 변방은 서부 문명화의 국경지대이며, 새로운 것과 옛것이 만나는 지역이며, 세계에서 원시적인 거친 삶의 환경에 자신의 습관을 적응하는 문명화된 사람을 여전히 볼 수 있는 장소이다."[62]

베커는 변방이 사상적인 목적지(an ideological designation)일 뿐만 아니

---

59) Avery Craven, "Frederick Jackson Turner," in The Turner Thesis, 76.
60) Brown, Carl Becker on American Revolution, 9.
61) Frederick Jackson Turner, "The Significance of the Frontier in American History," in The Turner Thesis, 2. 이 논문은 원래 The Frontier in American History에 속해 있었다.

라 지리학적인 목적지(a geographical designation), 둘 모두가 될 수 있다고 언급하며, 변방은 미국인들의 삶의 특징을 발견할 수 있었던 지역상의 서부일 뿐만 아니라 미국인들의 지적 특성을 발견할 수 있는 지역이기도 하다고 주장했다.[63] 그는 개인주의를 "변방과 미국 내 어디에나 존재하는 특색"으로 보았고 이상주의(idealism)는 "변방에 항상 퍼져 있었던 것"이라고 주장했다.[64] 이상주의의 내용은 미국은 '약속의 땅'이며 자유와 평등은 이상주의의 핵심 요소라는 것이었다.[65] 그리고 베커는 다음과 같이 결론 내렸다.

> "캔사스(Kansas)는 두 배나 정제된 미국의 정신이다. 그것은 미국의 개인주의, 미국의 이상주의, 미국의 불관용(intolerance)으로부터 새롭게 이식된 산물이다. 캔사스는 소규모의 미국이다. 즉, 미국은 유럽의 관점에서 그 자신을 인식하고, 그러므로 캔사스는 미국의 관점에서 그 자신을 인식한다 … 만약 이것이 지방 제일주의(provincialism)라면, 그것은 지역에 의한 것이라기보다는 신앙에 의한 지방제일주의이다.[66]

베커는 미국 역사를 변방의 역사로 간주했던 자신의 멘토였던 터너를 좋아했다.[67] 터너의 주요 연구는 초기 미국의 사회, 정치적인 요소들에 초점을 맞추었고 그는 자신의 의장연설에서 동료들에게 다음과 같이 강조했다:

> "하지만 제가 강조하고자 하는 것은 이것입니다. 경제학자, 정치과학자, 심리학자, 사회학자, 지리학자, 문학가, 예술가, 종교학자든 사회를

---

62) Becker, "Frederick Jackson Turner" in *Everyman His Own Historian*, 219.
63) Becker, "Kansas" in *Essays in American History*, 87.
64) Ibid., 87.
65) Ibid., 95, 105.
66) Ibid., 110-1.
67) Becker, "Frederick Jackson Turner" in *Everyman His Own Historian*, 222.

연구하는 일에 관련된 모든 종사자들은 역사가들이 연구하는 일에 기여 하고 있다는 점입니다."[68]

위와 같은 사상이 베커의 연구 방법과 역사에 대한 서술에 상당히 많은 영향을 끼친 것은 분명해 보인다.

6. 제임스 하비 로빈슨의 영향

 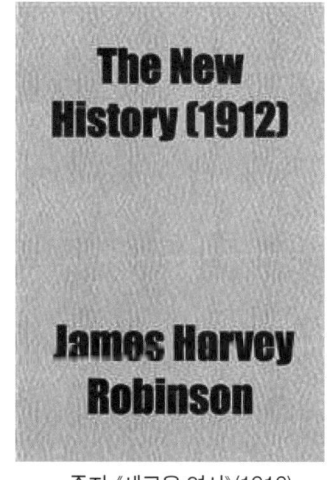

제임스 하비 로빈슨   주저《새로운 역사》(1912)

베커에게 영향을 끼친 또 다른 사람은 '새로운 역사의 우승자'(Champion of new history)라 불렸던 로빈슨 교수였다. 일리노이 주 불루밍톤(Bloomington, Illinois) 출신인 그는 하버드대학교에서 학사(A.B., 1887)와 석사(A.M., 1888)를 취득한 이후 스트라스부르크

---

68) Turner, "Social Forces in American History," 232.

(Strasbourg)대학교와 프라이부르크(Freiburg)대학교에서 수학했다. 프라이부르크대학교에서 "미합중국의 헌법의 기원과 파생된 특징들"(The Original and Derived Features of the Constitution of the United States of America)이라는 논문으로 1890년 박사학위를 취득했다. 그 다음 해에 펜실베니아대학에서 가르쳐달라는 약속을 받았고, 1894년 콜롬비아대학교의 유럽사 교수로 임용되었다. 그의 주요 저서들은 다음과 같다. 《서부 유럽사 개론》(An Introduction to the History of Western Europe, 1902-3); 찰스 비어드 교수와 함께 《유럽 역사 읽기 I, II, 1904-6》(Readings on European History in two volumes, 1904-6); 《현대 유럽의 발달: 현 역사 연구개론》(The Development of Modern Europe: An Introduction to the Study of Current History, 1907-8); 비어드 교수와 함께 《유럽사 개요: 18세기 시작으로부터》(Outlines of European History: From the Opening of the Eighteenth Century, 1912); 그리고 가장 유명한 《새로운 역사》(The New History, 1912)가 있다.[69]

《새로운 역사》에서, 로빈슨은 이글스톤(Edward W. Eggleston, 1837-1902)이 1900년 미국역사학회(AHA) 의장 연설에서 주장했던 '새로운 역사' 라는 단어를 빌려왔다. 이글스톤은 자신의 동료들에게 군사적, 정치적인 문제에 관심을 덜 기울이고 인류학, 경제학, 심리학과 같은 사회학에 기초한 새로운 방식에서 "아주 신선한 방식에서 과거를 재해석"할 것을 촉구했다.[70] 베커에 프랑스혁명과 유럽지성사를 가르쳤던 로빈슨의 영향은 주로 "새로운 역사," 진보주의(Progressivism)와 같은 영역과 18세기 사상에 관심을 갖게 하였다.

베커에 끼친 로빈슨의 첫 번째 영향은 '새로운 역사' 와 '진보주의' 에 대한 것이었다. 로빈슨은 콜롬비아대학교에서 '새로운 역사' 를 시작했다.

---

69) James Friguglietti, "James Harvey Robinson," *American National Biography*, vol. 18, 658-61. 특히 660을 보라.
70) Ibid.

1912년 출판된 《새로운 역사》에서 로빈슨은 역사가들이 진보와 진보적인 개혁에 더욱 관심을 가질 것을 촉구했다.[71] 헥스터(Jack H. Hexter, 1910-1996)가 지적했듯이, '새로운 역사'의 주요 공격 대상은 적절한 과학적 방법들을 사용하지 않고 진보적인 사상들을 갖지 않은 그 시대의 전문적인 역사가들이었다.[72] 로빈슨은 사회학들을 무시하는 자신의 동료들은 인류에게 진보를 가져올 수 없고 유용한 사람들이 될 수 없다고 지적했다. 그는 역사가들이 실제로 사회, 경제적인 역사에 초점을 맞추어야 한다고 강조하고 역사가의 역할은 "발생했던 일을 결정하는 것이 아니라 그 일들이 어떻게 발생했는지를 결정하는 것"이라고 주장했다.[73] 이에 대해 로빈슨은 다음과 같이 언급했다.

"역사는 우리가 과거에 대해 아는 것이다. 우리는 우리 자신의 개인적 행동과 경험에 대한 우리들의 기억을 의심해 볼 수 있다. 우리가 우리의 과거에서 회상하는 이러한 것들은 우리의 기분(moods)과 편견(preoccupations)에 따라 계속적으로 변화된다. 우리는 우리의 회상을 우리의 필요와 기대에 맞추며 우리가 직면하고 있는 특별한 문제들에 집중한다. 그러므로 어떤 의미에서 역사는 고정되거나 불편의 것이 아닌 영원히 변화되는 것이다. 각 세대는 인류의 연대기로부터 어떤 문제

---

71) James Harvey Robinson, *The New History* (New York: Macmillan, 1912).
72) J. H. Hexter, *On Historians* (Cambridge, Mass.: Harvard University Press, 1979), 14.
73) Strout, *The Pragmatic Revolt in American History*, 23. 《서부 유럽사 개론》에서, 로빈슨은 역사가의 임무를 다음과 같이 서술했다:
"역사가의 목적은 어떠한 일을 하는 특별한 방법이 옳은가 아니면 그른가를 증명하는 것이 아니다.… 그의 목적은 어떤 체계(system)가 어떻게 도입되었고 그것에 대해 과거에는 어떻게 생각되었는지, 그것은 어떻게 작용하고 또 다른 계획은 어떻게 그 체계를 대치하게 되었는지를 우리에게 보여주는 일이다."
James Harvey Robinson, *An Introduction to the History of Western Europe* (Boston: Ginn, 1902-3), 3.

에 대해 특별히 관계(bearing)가 있다고 보여지는 사실들을 선택할 완전한 권리를 가지고 있다."[74]

로빈슨은 발생한 역사적 사건들보다 역사의 유용성을 더욱 강조했다. 역사의 유용성에 대한 이러한 강조는 역사는 확고하거나 변하지 않는 것이 아닌 영원히 변화하는 것이라는 그의 사상에서 왔다. 이미 앞서 살펴보았듯이, 이러한 견해는 터너와 같은 상대주의자들의 대표적인 사상이다.

로빈슨의 '새로운 역사'의 출현 이전에, 19세기 후반의 학자들은 과거의 정치적, 군사적, 헌법의 측면들을 강조했다. 이러한 경향에 반대하여, 로빈슨은 사회학, 경제학, 문화, 지성사와 같은 사회과학에 속하는 "인간들이 노력한 영역에서의 인간의 업적들"을 강조했다. 그는 역사에서의 일종의 개혁적인 생각으로 '보다 포괄적인 역사서술'을 주장했다.[75] 이러한 영역들은 역사학 분야에서 오랫동안 무시되어 왔는데, 로빈슨은 역사 교육에서의 변화와 이동을 '새로운 역사'라고 불렀다.[76] 이러한 점에서 루터 핸드릭스(Luther N. Hendricks, 1912-1970)의 《제임스 하비 로빈슨: 역사선생》(*James Harvey Robinson: Teacher of History*)은 역사가, 학자, 선생으로서의 로빈슨과 그의 새로운 역사, 그의 책과 영향에 대한 훌륭한 입문서다. 로빈슨의 《새로운 역사》로부터, 핸드릭슨은 역사의 기능에 대해 랑케의 개념으로부터 온 것으로 보이는 로빈슨의 사상 속에서 진보에 대한 다섯 가지 중요한 사상을 다음과 같이 지적했다.

(1) 사물들이 어떻게 발생되었는가를 설명할 때에 역사는 역사가 계속

---

74) James Harvey Robinson, "The Significance of History in Industrial Education," *Educational Bi-Monthly* 4 (1910): 377; Luther V. Hendricks, *James Harvey Robinson: Teacher of History* (Morningside Heights, N.Y.: King's Crown Press, 1946), 35-6에서 인용.

75) Timothy Paul Donovan, *Historical Thought in America:PostwarPatterns* (Norman, Okla.: University of Oklahoma Press, 1973), 58-9.

된다는 법칙(the law of historical continuity)을 받아들여야 한다. (2) 인류가 지구상에 처음 나타난 이래로, 사람들이 과거에 행했거나 생각했던 모든 것들에 관해서, 역사는 그 내용에서 포괄적이어야 한다. (3) 역사는 심리학, 사회학, 인류학과 같은 다른 사회과학들의 도움을 받아들여야 한다. (4) 역사의 제일의 관심은 더욱 최근의 역사 주기에 특별히 관심을 두고 역사 자료들을 해석하는 일이어야 한다. (5) 역사적 지식은 보다나은 사회에 대한 관심에서 선택되고, 체계화되고, 적용되어야 한다.[77]

하지만 1930년 경, 세계 1차대전과 미국 경제의 붕괴는 이러한 진보주의 역사가들 혹은 '새로운 역사'의 목소리들을 약화시켰다.[78]

베커에 끼친 로빈슨의 두 번째 영향은 18세기 사상 영역이었다. 1937년 베커는 프랑스 역사와 문화에 대한 로빈슨의 세미나를 들었는데, 여기에서 역사가들의 전제에 대해 연구했다. 이 세미나는 베커로 하여금 그의 유명한 저서인 《18세기 철학자들의 도성》(*The Heavenly City of the Eighteenth Century Philosophers*, 1932)을 저술하게 했는데, 이 책에서 베커는 18세기 문화적 분위기는 13세기의 문화적 분위기와 달랐다는 현대의 믿음에 대해 비판하고 오히려 18세기와 13세기가 유사했나고 주장했다.[79] 베커는 13세기의 분위기는 신앙에 기초했고, 18세기의 분위기는 이성에 기초했다는 주장을 거부하고 오히려 약간의 예외는 있지만, 두 세기에 걸쳐 있는 전제들은 기본적으로 같았다는 것을 보여주려고 하였다.[80]

---

76) Hendricks, *James Harvey Robinson: Teacher of History*, vii-viii.
77) Ibid., 20.
78) J. H. Hexter, *On Historians*, 15.
79) 이 책은 1931년 4월 말에 예일대 법학부에서 있었던 네 번에 걸친 강의 내용을 토대로 한 것이었다. 이상하게도 베커는 이 책을 해스킨즈(Haskins)와 터너에게 헌정하였다. 이 책에서 베커는 종교 혹은 중세 교회와 현대 역사 사이에 밀접한 관련이 있다고 강조했다. Wilkins, Carl Becker, 63.

베커는 18세기 철학자들이 성 어거스틴의 도성을 허무려고 시도했다는 견해를 경시했다. 그는 오히려 이러한 노력들을 "도성을 더욱 최신의 자료들을 가지고 다시 세우는 것"으로 판단했다.[81] 이러한 견해는 베커에 대한 로빈슨의 철학적인 영향에서 시작되었다. 윌킨즈는 로빈슨이 베커로 하여금 '종교로부터의 철학적인 초월'(philosophical detachment from religion)과 '이성의 한계'에 집중하도록 이끌었다고 주장했다.[82] 베커는 그의 역사적인 접근 방식에서 초월(detachment), 냉정(impassivity), 혹은 이성에 더욱 집중했다.[83] 종합하면, 터너의 실용주의, 상대주의, 주관주의는 베커로 하여금 객관적이며 과학적인 역사는 불가능하다는 결론을 내리게 하였고, 로빈슨의 새로운 역사(발생한 일보다 그 역사의 효용성에 초점을 맞추며 사회, 경제적, 문화, 지성사와 같은 인간의 업적을 강조하는)와 역사는 영원히 변화한다는 사상은 베커로 하여금 역사를 절대적이 아니라 상대적인 관점에서 보게 하였다고 평가할 수 있다.[84]

---

80) Becker, *The Heavenly City of the Eighteenth-Century Philosophers*, 31. 베커는 현대과학이 실제로는 중세의 '미신'과 '신앙'에 기초했다는 주장을 비판했다.
81) Ibid.
82) Wilkins, *Carl Becker*, 63.
83) Becker, *The Heavenly City of the Eighteenth-Century Philosophers*, 63.
84) Brown, *Carl Becker on American Revolution*, 145.

제2장
베커와 역사적 상대주의

1. 베커의 저서들과 주요 내용

베커의 저서들은 역사와 정치학 두 부류로 나누어 볼 수 있다. 이 저서들 중에서 주로 역사, 특히 '역사적 사실들'을 다루고 있는 글들은 다음과 같다. "모든 사람은 그 자신 역사가이다: 역사와 정치학 에세이"(Everyman His Own Historian: Essay on History and Politics, 1935), "초월과 역사 서술: 베커의 글들과 편지들"(Detachment and the Writing of History: Essays and Letters of Carl L. Becker, 1958), 《18세기 철학자들의 도성》(The Heavenly City of the Eighteenth-Century Philo-sophers, 1932), "역사의 좋은 점은 무엇인가?: 베커의 선정된 편지들, 1900-1945" (What Is the Good of History?": Selected Letters of Carl L. Becker, 1900-1945, 1973) 등이 있다.

일반적으로 역사적 사실들은 인식론과 관련되어 있다. 지식이론을 다루는 학문분야인 인식론은 "역사적 지식의 가능성," "확실성의 정도," "우리가 어떻게 아는가에 대한 연구," "진리의 검증"(test of truth)의 문제들을 다룬다.[85] 베커는 이러한 문제들을 자신의 몇몇 저서에서 다루었다.

베커는 1910년 역사적 사실들에 대하여 "초월과 역사 서술: 베커의 글들과 편지들"이라는 글을 썼다.[86] 이 글에서, 베커는 "역사적 사실들," "과거," "역사가의 임무," "초월한 마음"(detached mind)과 같은 역사 인식의 중요한 문제들을 다루었다. 이러한 글들을 통해, 첫째, 베커는 근대의 역사학자들, 특히《캠브리지 현대 역사》(The Cambridge Modern History)를 저술했던 캠브리지대학교의 역사가들을 공격했다. 그는 캠브리지 역사가들의 노력은 그리스 역사가인 타키투스(Publius Cornelius Tacitus, 대략 56-117)와 영국의 역사가인 기본과 다를 바 없다고 비판했다. 그는 이러한 캠브리지 시리즈물들을 전혀 검토될 수 없는 '엄청난 양의 사실들의 모음'(a great mass of facts)으로 판단했고 또한 많은 양의 역사적 사실들을 약간의 보편적인 사실들(a small number of universal truths)로 응축하려는 그들의 노력 또한 비판했다.[87] 베이지핫(Walter Bagehot, 1826-1877)이 지적하였듯이, 이러한 저서들은 독창적인 사상이 없고 아무 것도 말하고 있지 않다고 생각했기 때문에, 베커는 그 저서들은 과학적이지 않으며 지식에 중요한 공헌을 하지 못했다고 주장했다.[88]

더 나아가 베커는 진리에 대한 과학자들의 전통적 견해를 비판하고 자신들의 생각을 역사 법칙에 적용하려는 그들의 노력을 비판했다. 베커는 역사가들이 살고 있는 환경의 영향 때문에, 객관적 실체나 진리는 도달하기 어렵다고 강조하고 어떤 사람도 자신 주변의 영향을 피하는 것이 불가

---

85) Norman L. Geisler, "Epistemology," in Baker Encyclopedia of Christian Apologetics (Grand Rapids, Mich.: Baker Books, 1999), 215.
86) 이 에세이는 The Atlantic Monthly, 106 (October 1910): 524-36에 처음으로 게제되었다.
87) Becker, "Detachment and the Writing of History," 4-5.
88) Ibid., 4-6.

능하다고 주장했다.[89] 환경의 절대적 영향은 '견해의 사조'라고 불리는 것으로 베커는 그것을 세계관(Weltanshauung) 혹은 세계 유형(world-pattern)이라 불렀다.[90] 17세기 문구인 '견해의 사조'는 화이트헤드(Whitehead)에 의해 재사용된 것으로, 역사가에 끼치는 환경의 절대적 영향은 베커로 하여금 환경의 영향을 전혀 받지 않은 '최고의 공정' 혹은 '실제로 초월적인 마음'은 일종의 이상(an ideal)이거나 죽은 마음(a dead mind)이라고 주장하게 하였다.

《18세기 철학자들의 도성》에서 베커는 시대를 통하여 지속되었던 문화적 가치들과 행동 유형들을 증명하려고 시도했다. 하지만, 베커의 역사적 견해에 대한 최고의 정보는 그의 의장 연설인 "모든 사람은 그 자신 역사가이다: 역사와 정치학 에세이"와 다섯 가지 글들인 "초월과 역사 서술: 베커의 에세이와 편지들," "역사의 좋은 점은 무엇인가?," "역사적 사실들은 무엇인가?"(What are Historical Facts?), "역사서술에 대하여"(On Writing History?), "역사서술이란 무엇인가?"(What Is Historiography?), "쓰기 기술"(The Art of Writing) 등이었다.

베커의 실용주의와 주관적 상대주의 철학을 보여주는 의장 연설은 세 부분으로 구성되어 있다. 첫 번째 부분은 역사의 정의와 역사적 연구 과정들을 다루고, 두 번째 부분은 과거, 현재, 미래의 본성들을 다루고 있다. 세 번째 부분은 과학적 역사의 불가능성을 다룬다. 먼저 베커는 "역사적 사실들은 무엇인가?"에서 역사적 사실들에 대해 세 가지 질문을 제기했다:

> (1) "역사적 사실은 무엇인가?" (역사적 사실의 본성, What is the historical fact?) (2) "역사적 사실은 어디에 있는가?" (역사적 사실의 위치, Where is the historical fact?) (3) "역사적 사실은 언제 존재

---

89) Becker, "Detachment and the Writing of History," 8.
90) Becker, *The Heavenly City of The Eighteenth-Century Philosophers* (New Haven: Yale University Press, 1961), 5.

하는가?"(역사적 사실의 시간, When is the historical fact?).

이러한 세 가지 질문에 대답이 주어지면, 베커가 의장취임연설에서 제기한 세 가지 내용이 동시에 해결될 수 있다.

2. 역사적 사실의 본성

(1)역사적 사실들은 무엇인가?"에 대한 첫 번째 질문에, 베커는 "역사는 말해지고 행해진 것들의 기억이다"(History is the memory of things said and done)라고 대답했다. 그는 역사의 '사실들'은 거울 속에 비취는 어떤 것이 아니며 컵 속에 모을 수 있는 조약돌 같은 것도 아니며,[91] 역사는 '역사에 대한 지식'(knowledge of history)으로 정의했다. 베커는 역사를 한때 실제로 일어났던 '사건들의 연속'(a series of events)과 그 사건에 대해 기록되어 남겨진 문서와 같은 '어떤 물질적인 흔적'(some material trace)으로 나누었다.[92] 이 두 가지 것들은 역사를 '일어났던 것'(it happened)과 '기억되는 것'(it is remenbered)으로 바꾸어 말할 수 있는데, 로빈슨은 이 두 역사를 과거(was), 즉 '실제 사건'(the real event)과 **현재**(now), 즉 '과거에 대해 확증된 사실'(the affirmed fact about the past)로 구분한 적이 있었다.[93]

윌킨즈가 지적했듯이 역사를 설명할 때, 베커는 실제로는 네 가지 역사를 설명한 것이었다. (1) 실제로 일어났던 것으로의 역사, (2) 모든 사람

---

91) Becker, "Detachment and the Writing of History," 11.
92) Carl Lotus Becker, "Every Man His Own Historian," 233. 이 에세이는 1931년 11월 29일 미네아폴리스(Minneapolis)에서 열린 미국역사학회(AHA)에서 행한 의장 연설이었다.
93) Brown, *Carl Becker on American Revolution*, 151.

에 의해 기억된 것으로서의 역사. (3)모든 사람의 기억에 기여하려는 역사가의 노력들을 보여주는 것으로서의 역사. (4)궁극적으로 유용하거나 받아들여질 만하다고 증명된 것으로서의 역사. 하지만 위의 네가지 역사의 공통점은 역사의 "사실들" 혹은 "사건들"은 되살리거나 관찰하기 불가능하다는 점이었다.

"그럼에도 불구하고, 이러한 사건들의 많은 부분을 우리는 알 수 없다. 심지어는 그것들이 일어났다는 것조차 알 수 없다. 우리는 단지 그것들의 많은 부분을 불완전하게 알 수 있다. 또한 심지어는 우리가 확실히 알고 있다고 생각하는 몇몇 되지도 않은 사건들조차도 우리는 절대적으로 확신할 수 없다. 왜냐하면 우리는 그것들을 결코 되돌릴 수 없기 때문이며, 직접적으로 관찰하거나 검증할 수 없기 때문이다."[94]

역사적 사건은 더 이상 존재하지 않고 단지 하나의 '상징'(symbol)이기 때문에, '천 여개의 사실들의 일반화'(a generalization of a thousand Facts)인 '단순한 진술'(simple statement)만 존재한다고 생각했다.[95] 그러므로 베커는 두가지 역사, 즉 한 때 일어났던 '일련의 실제 사건들'(the actual series of events)과 우리가 확인하고 기억 속에 간직하고 있는 '일련의 관념들'(the ideal series)을 가정했다. 이 두 가지 역사의 차이에 대해, 베커는 지식이 증가하고 더욱 정교해짐에 따라 첫 번째 역사는 절대성과 변경될 수 없음(un-changeability)을 지닌 것으로, 두 번째 역사는 상대성을 지닌 것으로 보았다. 그러므로 베커는 역사를 '역사에 대한 지식'(knowledge of history) 혹은 '그것이 존재한다고 우리가 아는 것'(what we know it to be)으로 판단하기에 이르렀다.[96]

---

94) Becker, "Every Man His Own Historian," 233.
95) Becker, "Detachment and the Writing of History," 45.
96) Becker, "Every Man His Own Historian," 234.

위의 주장을 더욱 분명히 하기 위해, 베커는 역사의 단순한 정의를 다음과 같이 내렸다.

"역사란 과거에 일어났던 사건들에 대한 지식이다"(History is the knowledge of events that have occurred in the past).[97]

베커는 위의 정의에서 중요한 단어인 '지식,' '사건,' '과거'를 검토했다. 먼저, 그는 '지식'에 대해 지식은 《영국 백과사전》(Encyclopedia) 혹은 《신학대전》(Summa Theologica)과 같은 책에 포함되어 있는 어떤 것과 다른 것이라고 주장했다. 베커는 그러한 책 속에 있는 지식으로부터 사건들에 대해 '실제적' 지식을 얻는 것은 어렵다고 생각했다. 왜냐하면 지식은 기억에 의존하기 때문에 지식의 대부분의 중요한 요소들은 '추론되고,' '관찰된' 사건들의 기억이라고 생각했기 때문이었다. 그는 기억이 없다면 지식은 존재하지 않기 때문에 '지식'이라는 단어를 제거한 후, 역사를 '과거에 일어났던 사건들에 대한 기억'(the memory of events that have occurred in the past)으로 정의했다.[98]

둘째, 베커는 사건들에 대해 검토했다. 베커에 따르면, 사건은 사람들에 의해 행해지고(done), 언급되며(said), 생각된(thought) 어떤 것이다. 실례로, 바스티유(the Bastille), 혹은 스페인-미국 전쟁, 혹은 교통순경이 소리지르는 것과 같이 매일 일어나는 일과 같은 몇몇 충돌들은 행해지고, 언급되며, 생각된 모든 사건들이다. 그러므로 '사건들'이라는 단어를 제거한 후, 베커는 역사를 '과거에 일어났던 일들에 대한 기억'(the memory of things that have occurred in the past)으로 정의했다.[99]

셋째, 베커는 과거에 대해 검토했다. 그는 시간의 한 시기(period)인

---

97) Ibid.
98) Ibid., 235.
99) Ibid.

과거는 잘못 인도하기 쉽다고 주장했다. 왜냐하면 사건들은 먼 과거 속에 있었고 그리고 그 사건들이 완성된 순간 바로 자동적으로 과거 속에 존재한다고 생각했기 때문이었다.[100] "그러므로 '과거에' 라는 어구를 제거한 후, 그는 '역사는 언급되거나 행해졌던 일들에 대한 기억' (History is the memory of things said and done)이다"라고 결론내렸다.[101] 베커는 이러한 정의가 '역사가 실제로 무엇인가' 의 의미라고 주장했다. 그러므로 그는 "모든 정상적인 사람은 어느 정도 역사를 안다" (every normal person, Mr. Everyman, knows some history)고 주장했다.[102]

베커는 자신의 글 '역사적 사실들은 무엇인가' 에서 이와 같은 정의를 소개했고 과거의 사건들은 반복될 수 없다고 지적했다. 역사적 사건은 사라지지만 그 사건에 대한 확신 (affirmation)은 지속되기 때문에 역사가가 직접 다룰 수 있는 유일한 것은 그 사건에 대한 진술(a statement)과 그 사실에 대한 자신의 확증이 참되다는 자신의 확신일 뿐이라고 주장했다. 종합하면, 첫 번째 질문인 역사적 사실의 본성에 대해 베커는 역사란 언급되거나 행해진 것들에 대한 기억(the memory of things said and done)이라고 정의했다.[103]

첫 번째 질문인 역사적 사실의 본성에 대해 베커는 역사란 언급되거나 행해진 것들에 대한 기억(the memory of things said and done)이라고 정의했다

---

100) Becker, "Every Man His Own Historian," 235. 베커는 "'새로운 역사' 는 오래된 이야기라고 언급했다. 역사는 객관적 실체가 아니라 단지 사라진 사건들에 대한 상상의 재구성이기 때문에, 어느 세대에 유용하게 보이고 받아들여 질만하게 보이는 어떤 유형이 다음 세대에는 결코 그렇게 완전히 받아들여지지 않는다"고 주장했다. *The Heavenly City of the Eighteenth-Century Philosophers*, 88.
101) Becker, "Every Man His Own Historian," 235.
102) Becker, "Every Man His Own Historian," 235-6
103) Becker, "Detachment and the Writing of History," 47; "Every Man His Own Historian," 235. 첫 번째 글(1926)은 '과거에' 라는 어구를 삽입했고 두 번째 글(1931)은 그 어구를 생략했음을 주목하라.

3. 역사적 사실의 위치

(2)역사적 사실들은 어디에 있는가?'에 대한 두 번째 질문에, 베커는 그것은 누군가의 마음속에 있지 다른 곳에 있지 않다고 대답했다. 역사적 사건들의 핵심은 '연속적인 사건들'이 아닌 다른 곳에 있다고 생각한 베커는 역사적 사건들의 장소를 그 역사가의 정신적 이미지 혹은 심상들(mental images or pictures) 안에 두었다. 베커에 따르면, 역사가는 과거를 이해하기 위하여 이러한 정신적 이미지들 혹은 심상들을 사용한다. 문제는 이러한 이미지들 혹은 심상들이 어떻게 형성되는가였다. 베커는 과거를 이해할 때 역사가의 경험이 중요한 역할을 한다고 강조했다. 베커에 따르면, 이러한 이미지 혹은 심상들은 이미 존재하기를 멈추었던 '실체'로부터 오지 않고 오히려 그 실체가 남겼던 '어떤 흔적들'(certain traces)로부터 왔다. 이러한 흔적들은 쓰여진 문서들 혹은 비석들일 수 있다. 이러한 흔적들은 그 이미지를 구성하는 일에 도움을 준다고 생각했다.[104]

베커는 한 실례로 링컨(Abraham Lincoln)의 암살을 들었다. 그 암살은 영원히 지나간 하나의 실제 사건(an actual event)이었다(was). 그러나 **지금은** 일종의 역사적 사실(an historical fact)이디(is). 하나의 실제 사건과 일종의 역사적 사실은 구분되어야 한다고 베커는 보았다. 왜냐하면 지금은 오직 일종의 사실만이 존재하기 때문이다. 이 사실은 기껏해야 누군가의 마음속에 있거나 신문, 편지, 일기장과 같은 기록들 혹은 자료들 속에 있다. 문제는 기록들인 자료들은 결국 종이들이라는 것이다. 그러므로, 암살에 대한 역사적 사실들은 그 저자들의 시각에 의해 형성되었던 그 사건에 대한 이야기들(the accounts)이라고 베커는 주장했다.[105]

베커는 링컨의 암살이라는 이 역사적 사실을 '죽은 사실'(a dead fact)

---

104) Becker, "Detachment and the Writing of History," 11.
105) Ibid., 49.

이라고 불렀다. 왜냐하면 그 사건 자체는 아무 말도 하지 않는다고 생각했기 때문이었다. 그러므로, 그 사건이 의미있기 위해서는 누군가가 '죽은 사실'을 누군가의 마음속에 살아 있게 만드는 어떤 과정들을 해야만 했다. 만약 인간의 마음속에 이러한 과정이 생략된다면, 역사적 사실은 그 어디에도 존재하지 않게 된다고 베커는 주장했다. 이러한 사상은 카(Carr)의 생각과 다르지 않다. 카도 다음과 같이 주장했다.

"역사의 사실들은 우리에게 '순수한 것'(pure)으로 다가오지 않는다. 왜냐하면 그것들은 순수한 형태로 존재하지 않으며 존재할 수도 없기 때문이다. 즉 그것들은 항상 독자의 마음을 통해 굴절된다."[106]

문제는 누가 이러한 과정을 하는가이다. 베커는 모든 사람(Mr. Everyman)이 사건으로부터 의미를 만들어 내며 그러므로 역사를 알 수 있다고 주장했다.[107] 베커에 있어서, 모든 사람은 '역사학 교수'가 아니라 단지 '일반적인 시민'이었다.[108] 이 들은 걷기도 하고, 일상적인 일들을 하는 일반적인 사람들이며 역사적인 연구를 수행하는 역사가이기도 하였다.[109]

어떻게 모든 사람은 역사적 연구를 행할까? 베커는 세 가지 과정을 묘사했다. 첫 번째 단계는 "언급되고 행해진 일들을 회상하는 것"이다. 하지만, "어떠한 도움을 받지 못한 기억"(unaided memory)은 불충분할 수 있기 때문에, 베커는 두 번째 단계인 "확실한 문서들의 검토"로 이동했다. 모든 사람들은 이러한 과정에서 "필요하지만 아직 알려지지 않은 사실들"을 발견하려고 노력했다. '상충되는 보고들'(conflicting reports)을 제거하고 문서들 가운데 만족스러운 내용들을 확보한 후, 베커는 마지막 단계인 '그

---

106) Carr, *What is History?*, 24.
107) Becker, "Every Man His Own Historian," 235-6.
108) Ibid., 236.
109) Ibid., 239.

두 번째 질문인 역사적 사실의 위치는 역사가의 이미지 혹은 심상 속에 있다(is)고 주장했다.

의 마음속의 형성'(the formation in his mind)으로 이동했다. 이 형성은 결국 그 자신의 선택적 기억으로부터 나온 것이다.[110] 그러므로 결론적으로, 베커는 두 번째 질문인 역사적 사실의 위치는 역사가의 이미지 혹은 심상 속에 있다(is)고 주장했다.

4. 역사적 사실의 시간

(3) 역사적 사실들은 언제 존재하는가?"에 대한 세 번째 질문에, 베커는 그것은 현재에 존재한다고 대답했다. 그는 "만약 역사적 사실이 어떤 사람의 마음속에 상상력에서 존재한다면, 그러면 그것은 이제(now) 현재의 일부(a part of the present)다"라고 강조했다.[111] 하지만 어떤 사람이 어느 한 사건을 생각 할 때, 그 사건은 이미 과거의 한 부분이 되었기 때문에, 현재는 과거와 명확히 구분될 수 없다고 베커는 주장했다.[112] 이곳에서 논쟁점은 사람이 시간을 어떻게 구별할 수 있는가였다.

베커는 그의 의장 연설의 두 번째 부분과 《18세기 철학자들의 도성》에서 과거, 현재, 미래의 본성을 다루었다. 베커는 현재 순간들을 소유하고 있다고 생각하는 사람들의 의식을 비판하며 다음과 같이 언급했다.

---

110) Ibid.
111) Becker, "Detachment and the Writing of History," 50. 카는 "우리는 오직 현재라는 시각(the eyes of the present)을 통해서만 과거를 볼 수 있고, 과거에 대한 우리의 이해를 얻을 수 있다"고 언급했다. Carr, *What is History?*, 28.
112) Becker, "Detachment and the Writing of History," 50.

"엄격히 말해서, 현재는 우리에게 존재하지 않는다. 기껏해야 그것은 우리가 그것을 현재로 알아차리기 전에 지나가버린 시간속에서의 찰나의 순간(an infinitesimal point)에 지나지 않는다."[113]

사람들은 과거를 '없애고'(robbing) 가장 최근의 사건들을 '붙잡음으로써' 현재라고 생각하고[114] 기껏해야, 사람들은 '계속되는 사건들'(the successive events)을 '한 순간'(a single instant)으로 단축(telescoping)시킴으로써 현재를 소유했다고 생각한다고 베커는 비판했다. 베커는 이것을 '가상 현재'(the specious present)라고 불렀다.[115]

이 '가상 현재'에서, 역사가는 '일련의 사건들'을 '고의적 혹은 어떤 목적을 가지고' 확대하고, 다양화하고, 풍부하게 한다고 생각한 베커는 '현재의 시간'(the present hour), '현재의 해'(the present year), '현재'(the present)를 가지고 있다고 말하는 역사가는 단지 '가상 현재'를 가지고 있을 뿐이라고 주장했다.[116] 베커는 이 '가상 현재'를 "과거에 대한 느낌과 미래에 대한 상상력이 의식속에서 통일 된 것"(the unity in consciousness of the sense of the past and the vision of the future)으로 보았다.[117] 그런데 이 '가상 현재'는 역사가 개인의 혹은 특별한 '인식 혹은 목적들'(perceptions or purposes)에 의해 항상 영향을 받기 때문에, 베커는 가상 현재란 '불안정한 사유패턴'(an unstable pattern of thought)이라고 주장하게 되었다.[118] 그러므로 베커는 "과거로부터 우리가 가상 현재를 더욱 끌

---

113) Becker, "Every Man His Own Historian," 240; *The Heavenly City of the Eighteenth-Century Philosophers*, 119.
114) Becker, *The Heavenly City of the Eighteenth-Century Philosophers*, 119.
115) Becker, "Every Man His Own Historian," 240; *The Heavenly City of the Eighteenth-Century Philosophers*, 120.
116) Ibid.
117) Strout, *The Pragmatic Revolt in American History*, 76.
118) Becker, "Every Man His Own Historian," 241.

어낼수록, 가상의 미래 혹은 잘 정리된 미래는 또한 더욱 미래를 만들어 내는 것 같다"(the more of the past we drag into the specious present, the more a hypothetical, patterned future is likely to crowed into it also)는 결론을 내렸다.[119]

베커는 역사를 '살아 있는 역사'로 간주했다. 그에 따르면, 역사는 사람과 분리될 수 없다. 왜냐하면 역사가는 자신의 필요나 욕구에 따라 과거의 사건들을 회상하기 때문이다. 그러므로 과거는 "우리의 현 세계의 완전하고 살아 있는 일부분과 유사한 것"(an integral and living part of or present world of semblance)이 된다고 주장했다.[120] 이것을 베커는 '역사의 자연적 기능'(the natural function of history)이라고 불렀다. 삶에 의해 역사가 바뀔 수 있는 역사의 특성 때문에, 그는 다음과 같이 주장했다.

"우리가 기억속에서 확신하고 지니고 있는 살아있는 역사, 즉 관념상의 계속되는 사건들(the ideal series of events)은 … 어느 한 특정 시간에 모든 것들과 정확히 동일할 수 없고 혹은 다른 세대에 동일했던 것이 또 다른 세대에는 동일 할 수 없다."[121]

역사는 삶과 관계되기 때문에 변치 않는 법칙들을 지닌 통계학이나 수학과 같지 않다고 보고, 베커는 오히려 역사는 역사가가 자신의 개인적인 필요나 욕구를 위해 창조한 '상상력에 의한 창조'(an imaginative creation)와 '개인의 소유물'(a personal possession)이라고 생각했다.[122] 그러므로 베커는 역사에 대해 다음과 같이 결론을 내렸다.

---

119) Becker, "Every Man His Own Historian," 241; *The Heavenly City of The Eighteenth-Century Philosophers*, 121.
120) Becker, "Every Man His Own Historian," 242.
121) Ibid.
122) Ibid., 243.

"부분적으로 역사는 사실 일 수도 있고 부분적으로는 거짓일수도 있다. 하지만 대체적으로는 아마도 사실도 거짓도 아니다. 그것은 단지 가장 편리한 형태의 오류(the most convenient form of error)이다." [123]

역사의 본성에 대한 이러한 결론은 그로 하여금 역사가와 역사의 형성에 있어 '시간과 공간의 한계' 는 무엇인가를 묻게 하였다.

그의 의장 연설의 세 번째 부분에서 베커는 역사가의 시간과 공간의 한계를 검토하기 시작했고, 사람들에 의해 언급되고 행해진 것들에 대한 기억이 어떻게 설명으로 엮어질 수 있는지를 다루었다. 그에 따르면, 역사를 쓸 때, 주변 환경의 영향을 받는 역사가는 '진술과 일반화,' '이야기와 묘사,' '비교와 비평과 유추' 와 같은 '모든 문학기교들'(all the devices of literary art)을 사용한다.[124] 이러한 과정속에서 역사가는 '사실' 과 '해석' 을 함께 사용한다. 쓰여진 기록들로부터 그 의미들을 이끌어 낼 때 역사가의 개인적 해석은 중요한 요소이기 때문에, 역사가는 완벽하게 조사할 수 없다고 주장한 것이다.

과학적인 방법은 결코 도달할 수 없는 것으로 여겼던 베커에게 랑케학파의 모토는 단지 '고상한 꿈'(noble dream)에 불과해 보였다. 베커는 "사실들을 확증하는 일(establish)은 항상 해야 할 일이며, 이 일은 진실로 역사가의 첫 번째 의무이지만 한때 완전히 확증된 사실들이 '스스로 말할 것'(speak for themselves)이라고 생각하는 것은 환상이다"라고 주장했다.[125] 과학적인 방법론으로 역사를 이해할 수 있다고 여기는 역사가라도 사실들을 해석하는데에 개인의 해석을 피할 수 없다고 생각한 베커는 과학

---

123) Ibid., 245.
124) Ibid., 248.
125) Ibid., 249. 카 역시 "역사가의 해석을 떠나서 객관적으로 존재하는 역사적 사실들의 핵심(a hard core)에 대한 믿음은 터무니 없는 오류(a preposterous fallacy)이며 그것을 제거하기가 아주 어렵다"고 언급했다. Carr, *What is History?*, 10.

에서처럼 역사에서 확실성을 추구하려는 노력은 불가능하다는 점을 강조했다. 이곳에서 그는 상대주의적 견해를 표현한 것이다. 베커는 아는 자와 알려진 대상 사이의 관계를 강조했다. 그에게 있어서 아는 자의 역할은 지식을 획득하는데 아주 중요했다. 왜냐하면 만약 실제적인 사건을 알기 위해 노력하는 역사가가 존재하지 않는다면, 실제 사건 그 자체는 존재하지 않게 되기 때문이었다.[126]

역사에 대한 이러한 베커의 사상은 실제로 회의론 철학자들인 흄(David Hume, 1711-1776), 칸트(Immanuel Kant, 1724-1804), 키에르케고르(Søren Aabye Kierkegaard, 1813-55), 제임스(William James, 1842-1910)의 사상과 다르지 않다. 이들은 공통적으로 역사적 사건 그 자체의 기준들은 시간, 장소, 개인에 따라 변할 수 있다고 믿었던 사람들이었다.

베커는 '실제적 사건 자체'와 실제 사건에 대한 '역사가의 사고'는 분리되어 있지 않고 상호관계 속에 존재한다고 생각했다.

> 사실들은 스스로 말하지 않기 때문에 "누군가가 그것을 확증하기 전까지는 사실은 존재할 수 없다."[127]

이곳에서 우리는 랑케의 모델을 따라 과학적 혹은 객관적인 연구 방법을 추구하였던 역사가들을 비판하고 있음을 볼 수 있다. 베커는 역사적인 사건들 그 자체보다 역사가의 역할을 더욱 강조했다. 역사가의 기능은 사실들을 선택하고 확증하는 일로,[128] 선택하고 확증할 때, 역사가는 사실들에 그 자신의 의미, 사상, 가치를 집어넣는다고 보았다.[129] 종합하면, 베커에게 있어서 역사적 사실의 본성은 말해지고, 행해진 사물들에 대한 기억

---

126) Becker, "Every Man His Own Historian," 251.
127) Ibid., 251.
128) Ibid.

(memory)이다. 역사적 사실의 장소는 역사가의 정신적 이미지 혹은 심상(pictures) 속에 있다(is). 역사적 사실의 시간은 가상 의식이다. 결국 베커에 있어서 역사적 사실들에 대한 지식은 상대적이며 절대적이지 않다는 점이 분명해 보인다.

5. 결론: 평가

역사적 사실에 대한 베커의 사상을 평가하려면, 우리는 먼저 지적인 역사에서 그의 위치를 살펴보는 것에서 시작해야 한다. 물론 지식을 획득하는 과정에서 아는 자의 역할은 아주 중요하다. 이 아는 자의 역할에 대한 강조는 베커로 하여금 다음과 같은 논리적인 결론에 도달하게 했다.

"만약 실제적인 사건에 대한 지식을 형성했던 역사가가 존재하지 않았다면, 그 실제 사건 자체는 존재하지 않았다."

이곳에 두가지 중요한 점이 언급되어야 한다.
첫 번째는 역사적 사실에 대한 베커의 사상이 지성사에서는 새로운 것이 아니었다. 베커가 주장한 아는 자의 기능은 인간의 이성에 대해 주관적인 견해를 지녔던 흄, 칸트, 키에르케고르, 제임스의 사상과 다르지 않기 때문이다.[130] 19세기 스코틀랜드 철학자인 흄은 물질세계는 인간

종합하면, 베커에게 있어서 역사적 사실의 본성은 말해지고, 행해진 사물들에 대한 기억(memory)이다. 역사적 사실의 장소는 역사가의 정신적 이미지 혹은 심상(pictures) 속에 있다(is).

---

129) Ibid.

의 지각들(perceptions)을 떠나서는 존재하지 않는다고 주장한 경험론주의적이며 철학적인 회의주의를 주장했다.[131] 그는 세계와 그 자신에 대해서 어떤 것을 알 가능성을 의심하고, 지식의 기원을 선험적인 추론(a priori reason-ing)에 의해서가 아닌 감각들(senses)로부터 일어나는 감각의 인상(impressions)에 두었다.[132] 베커처럼, 흄도 정신의 내용은 인상이며 관념(ideas)이었다. 즉 모든 관념들은 인상들의 복사(copies)였다.[133] 문제는 지각들을 떠나서는 존재할 수 없는 공간, 시간, 힘, 영원한 물체, 실체와 같은 모든 관념들은 본질상 상대적이라는 점이다. 시간이라는 관념도 흄에게는 추상적인 관념이었다.[134]

이러한 사상에 영향을 받은 베커는 '실제로 발생한 것'으로서의 역사는 더 이상 존재하지 않는다고 주장했다. 그에게서 역사란 오직 과거에 역사가의 정신 속에서 일어난 사건들에 대한 기억일 뿐이었다. 역사의 사실들은 결코 '순수'하지 않았다. 그것들은 항상 사람들의 내적 그리고 외적인 요소들을 통하여 굴절되고 여과되었다. 흄처럼, 베커도 현재 순간들을 소유하는 인간 의식의 능력을 의심했다. 엄밀히 말해서, 그는 "우리에게 현재는 존재하지 않거나 기껏해야 우리가 그것을 현재로 인식하기 전에 사

---

130) 에반스(C. Stephen Evans)는 주관성의 문제와 칸트, 키에르케고르, 제임스의 신념을 다루었다. 참조하라 C. Stephen Evans, *Subjectivity & Religious Belief: An Historical, Critical Study* (Grand Rapids, Mich.: Christian University Press, 1978).
131) 1711년 에딘버러(Edinburgh)에서 태어난 흄은 대표적인 경험론자였다. 그는 다음의 책을 저술했다. *A Treatise of Human Nature, Essays Moral and Political, An Enquiry Concerning Human Understanding, Principles of Morals, Political Discourses, and Dialogues on Natural Religion*.
132) Robert J. Fogelin, "Hume's Skepticism," in *The Cambridge Companion to Hume*, ed. David Fate Norton (New York: Cambridge University Press, 1993), 91.
133) Samuel Enoch Stumpf, *Socrates to Sartre: A History of Philosophy* (New York: McGraw-Hill Book Company, 1966), 298.
134) Ralph W. Church, *Hume's Theory of the Understanding* (Ithaca, N.Y.: Cornell University Press, 1935), 58.

라지는 시간 속에서의 한 찰라에 불과하다"고 주장했다.[135] 시간을 과거, 현재, 미래로 나누는 것은 임의적이요 정확하지 않은 생각(reflection)이며, 현재는 '가상 현재'이며 '불완전한 사유의 유형'이기 때문에,[136] 그러므로 베커는 '실제로 발생했던' 역사는 더 이상 존재하지 않는다는 결론을 내렸다.

베커의 상대주의적인 견해 또한 칸트의 인식론에 뿌리를 두었다. 칸트는 주체(subject)와 대상(object)을 구별했고 대상보다는 인간의 정신(human mind)을 더욱 강조했다.[137] 칸트는 모든 지식이 경험들로부터 나온다는 흄의 사상을 비판했다. 오히려 그는 정신과 그 대상을 종합하는 선천적인 인간의 기능(human faculty)의 역할을 강조했다.[138] 스텀프(Stump)의 지적대로, 정신은 그것이 경험하는 어떤 것을 '활발하게'(actively) 구성하고 판단한다. 이것은 인간의 정신이 지식의 대상들을 어떤 선험적인 조건들 속에 집어넣기 전까지 사물들은 사람들에게 지식의 대상이 될 수 없다는 것을 의미했다. 능동적인 작인(agent)인 인간의 정신은 순수한 재료가 지식이 되기 위해서는 12개의 범주들(categories)과 같은 그 자체의 인식론적인 형태들을 적용(impose)해야 한다.

12가지 범주를 세 가지로 구성된 네 가지 유형으로 나누면 다음과 같다. 하나, 분량: 단일/다수/전체. 둘, 성질: 실재/부정/제한. 셋, 관계: 실체와 우연/원인과 결과/상호성. 넷, 양상: 가능성/현존성/ 필연성.[139] 칸트

---

135) Becker, "Everyman His Own Historian," 240.
136) Ibid., 240-1.
137) 칸트의 저서는 다음과 같다. *Critique of Pure Reason* (1781), *Prolegomena to Any Future Metaphysics* (1783), *Principles of the Metaphysics of Ethics* (1785), *Metaphysical First Principles of Natural Science* (1786), *the Critique of Practical Reason* (1788), *the Critique of Judgment* (1790), *Religion within the Limits of Mere Reason* (1793), *and Perpetual Peace* (1795). Stumpf, *Socrates to Sartre*, 304-5.
138) Ibid., 309.

는 지식을 형성하는데 있어 정신은 수동적이지 않고 능동적이라고 주장했다.[140] 정신은 경험을 종합하고 통일시키며, 시간, 공간, 사유의 범주들과 같은 형식들을 적용하는 것으로 칸트는 이해했다.

두 번째는 베커의 이상주의는 정신이 '가장 단순한 사실들의 결합물' (the simplest complex of facts)을 선택하고 확증하며, 그것들에게 '어떤 장소' 혹은 '특별한 의미'를 부여한다고 믿었던 그의 신념 속에서 분명히 드러난다.[141] 베커는 역사적 사실들이 명확한 형태나 모양을 지닌 벽돌같은 물체가 아니며 오히려 그것들을 전달하기 위해 역사가가 사용한 단어들과 함께 변화한다고 주장했다.

> "역사는 외적인 물질세계의 일부가 아니고 사라진 사건들에 대한 가상의 재구성(an imaginative reconstruction)이기 때문에, 그 형태와 실체는 분리할 수 없다."[142]

역사에 대한 이러한 사상은 그의 스승인 터너에 의해 인정받았다.[143]

터치맨(Barbara W. Tuchman)은 역사적 사실들에 대한 이러한 상대주의 견해의 논리적 약점들을 지적했다. 그녀는 상대주의 역사가들의 견해에 대해서 풍자하기를, 숲에서 나무의 쓰러지는 소리를 듣는 역사가가 없

---

139) Bertrand Russell, *A History of Western Philosophy: And Its Connection with Political and Social Circumstances from the Earliest Times to the Present Day* (New York: Simon And Schuster, 1945), 707-8.
140) Stumpf, Socrates to Sartre, 330.
141) Becker, "Everyman His Own Historian," 251.
142) Ibid.
143) 1932년 1월 19일에 베커는 터너에게 다음과 같이 편지를 보냈다: "제가 쓰고 있는 것에 대한 당신의 평가는 언제나 저에게는 가장 중요한 것이었습니다. 그리고 당신이 저의 의장 연설에 찬성하셨다는 것을 알고 큰 위안이 되었습니다. Becker, *"What Is the Good of History?"*: Selected Letters of Carl L. Becker, 1900-1945, ed. Kammen, 154.

었다면, 그러면 역사적인 사건인 그 나무의 쓰러짐은 발생하지 않게 된다고 설명했다. 그녀는 "그 나무의 쓰러짐은 그 누군가가 그것을 들었든 그렇지 않든 역사를 만들었고 … 그리고 사실들은 해석되든 그렇지 않든 역사이다"라고 주장하며 증거 혹은 사실들은 역사가와 해석보다 앞서 존재한다고 주장했다.[144] 비록 역사가는 역사를 서술할 때 주관적인 해석과 개인적인 선호를 피할 수 없지만, 그들은 편지, 기억들, 신문, 그리고 다른 역사적인 문서들과 같은 원자료들의 존재를 거부할 수 없다. 이러한 자료들의 존재를 거부하는 것은 지적인 그리고 도덕적인 자살에 불과하다. 터치맨이 주장한대로, 객관성은 '정도의 문제'(a question of degree)이며 역사가는 먼저 증거 안에 머물러야 한다고 필자는 생각한다. 상대주의 역사가들의 견해는 불필요하게 형이상학적이었다.[145]

역사가들은 객관성의 개념에 일치하지 않으며 가능한 객관성의 정도에 대해서도 다르다. 하지만 역사가들은 실험실 속에서 작업하지 않으며 순수하게 초월(a pure detachment)할 수 있거나 혹은 완전할 수 없다.[146] 역사의 사건들에 대한 베커의 사상들은 상대주의적 견해에 강하게 영향 받았으며 역사에 대한 그의 이론은 상당히 사변 철학(speculative philo-sophy)과 유사하다.

베커는 과학과 역사의 영역, 그리고 두 학문이 관계될

---

144) Barbara W. Tuchman, *Practicing History Selected Essays* (New York: Ballantine Books, 1982), 26.
145) Ibid., 27-32.
146) Mark T. Gilderhus, *History and Historians: A Historiographical Introduction* (Englewood Cliffs, N.J.: Prentice Hall, 1996), 87-9.

수 있는 범위 등을 혼돈했다는 것이 필자의 생각이다. 그는 과학자들과 마찬가지로 역사가들에게도 '객관적이고 초월한 정신 태도'(the objective and detached attitude of mind)가 가능하다는 것을 정말로 믿지 않았다.[147] 하지만 과학적인 연구 방법에서 역사를 이해할 수 있다는 의미에서의 역사는 "비판적인 연구 방법에 기초한 역사를 가리키며, 현대의 사람이나 그의 필요와 관심에 관계 없이 '실제로 일어났던 일'을 이야기 하려는 유일한 목적으로 쓰여진 역사"를 가리키고 있다는 것을 우리는 기억해야 한다.[148] 이러한 점에서 볼 때, 과학적 역사의 가능성을 주장하는 미국의 역사가들은 역사를 과학으로서가 아니라 '과학적인 방법을 가진 학문'으로 접근했다. 과학적인 방법의 핵심은 역사를 자연과학의 원리들을 가지고 이해하려는 것이었다. 과학적 역사가들은 연구자들로부터 편견, 전제들을 제거하기 위해 이 원리들을 채택했다.

하지만 이러한 시도를 이해하지 못한 베커는 과학자들을 모방하려는 역사가들의 시도를 비판했다. 비록 베커는 후에 자신의 주장의 한계를 인정하였지만, 그는 과학자의 연구에서 돌과 조개껍데기와 같이 역사를 '확고한 사실들'(hard facts)과 같은 어떤 것으로 추구하면서 '냉철한 객관성이라는 환상'(illusion of a cold objectivity)을 무너뜨리는 일에 너무 집중한 나머지 역사와 과학 사이의 차이를 혼동했다는 것이 필자의 평가이다.[149]

베커는 후에 역사에 대한 지속적인 상대주의는 '일종의 지적 자살 행위'(a form of intellectual suicide)라고 선언하면서, 역사적 사실들에 대한 자신의 상대주의적 견해를 포기했다. 그는 다음과 같이 고백했다.

---

147) Smith, *Carl Becker*, 63.
148) Ibid., 68.
149) Fred Matthews, "Review Articles: The Attack on 'Historicism': Allan Bloom's Indictment of Contemporary American Historical Scholarship," *American Historical Review* 95, no. 2 (April 1990): 429; Perez Zagorin, "Carl Becker on History: Professor Becker's Two Histories: A Skeptical Fallacy," *The American Historical Review* 62, no. 1 (October 1956): 4.

"만약 논리적으로 적용해 본다면, 만약 완벽하게 수행된다면, 상대성 교리는 너무 멀리 나아가서 그것은 사유 그 자체와 진리 그리고 지식을 훼손할 것이다.… 상대성은 파괴적인 비평을 위한 편리한 무기가 되고 지식의 체계를 세우는 일에 무용지물이다."[150]

레몽 아론(Raymond Aron, 1905-1983)의 말처럼, 상대주의는 "진리의 축적이나 발전도 인정하지 않으며" 기껏해야 "목표 없이 대화"하는 것이라고 베커는 주장하기에 이르렀다.[151] 과거를 이해하려고 노력하는 역사가의 그 시간, 공간, 목적은 변할 수 있다.[152] 하지만 베커가 주장한 바와 같이, "그것이 실제로 발생했던 것으로서의 역사"와 "그것이 우리에게 알려진 것으로서의 역사"는 완전히 분리된 것이 아니다. 비록 카이사의 암살이 완벽하게 묘사될 수 없다 하더라도, 그 사건 자체의 역사성은 부정될 수 없다는 것과 같다.[153] 역사적 지식은 실제성(actuality)과 확실성(certainty)에 기초해야 한다. 하지만 과학조차도 완벽하거나 절대적인 확실성을 획득할 수 없다. 아인슈타인의 '상대성 이론'이나 하이젠버그의 '불확정성 원리'(Heisenberg's principle of indeterminacy)도 이것을 뒷받침한다. 뉴턴과 볼테르도 과학적 진리를 유일하고, 절대적이고, 완전히 도달할 수 있는 것으로 생각하지 않았다.[154] 베커는 이 점을 충분히 인식하지 못했던 것으

---

150) "Miscellaneous," Notes, drawer 15, Becker papers; quoted by Strout, *The Pragmatic Revolt in American History*, 84.
151) Raymond Aron, *Introduction to the Philosophy of History: An Essay on the Limits of Historical Objectivity*, trans. George J. Irwin (London: Weidenfeld and Nicolson, 1961), 292.
152) Leonard Krieger, "The Heavenly City of the Eighteenth-Century Historians," *Church History* 47 (summer 1978): 279.
153) Russell, "On the Nature of Truth," *Philosophical Essays* (London1910), 173. 베커의 경험주의는 데이비드 흄 혹은 존 로크의 전유물이었다. Wilkins, *Carl Becker*, 209.
154) Henry Guerlac, "Newton's Changing Reputation in the EighteenthCentury" in

로 보인다. 그는 역사는 과학이어야 한다고 생각했고, 그것에 실패하자 객관적이 될 수 없다고 생각한 것처럼 보인다. 물론 나중에 수정했지만 말이다.

Carl Becker's Heavenly City Revised, 19.

제3부

케넷 스캇 라투렛의 역사서술
(Kenneth Ascott Latourette, 1884-1968)

케넷 스캇 라투렛

주저 《기독교 팽창사》(전7권)

제1장
라투렛의 생애와 사상 형성

1. 일반적인 평가와 그의 저서들

라투렛은 미국의 전통에서 뛰어난 교회 역사가였다. "20세기 가장 잘 알려진 교회 역사가,"[1] "역사에 대한 놀라운 박식함의 전형,"[2] "미국 선교학 분야의 걸출한 인물,"[3] "미국에서 동양의 역사학 분야의 가장 선두 역사가들 중 하나"[4]라는 대한 찬사는 라투렛의 위치를 잘 말해주고 있다.

---

1) William Richey Hogg, "Latourette: Optimistic Historian," *Christian Century*, 15 January 1969, 69.
2) Reinhold Niebuhr, "review of *Christianity in a Revolutionary Age: A History of Christianity in the Nineteenth and Twentieth Centuries*, vol. 2, *The Nineteenth Century in Europe: The Protestant and EasternChurches*," by Kenneth Scott Latourettee, *American Historical Review* 56 (October-July 1960): 126.
3) William Richey Hogg, "The Legacy of Kenneth Scott Latourette," *Occasional Bulletin of Missionary Research* 2 (1978): 76.
4) Jams E. Wood, "Kenneth Scott Latourette (1884-1968): Historian, Ecumenicist, and Friend," *Journal of Church and State* 2 (1969): 9.

라투렛이 중요한 이유에 대해 윌리엄 L. 피츠(William Lee Pitts, 1929-2015)는 다음과 같이 주장했다. 그는 "수많은 독자들"과 훌륭하고 다양한 평가를 받았으며 그의 학자로서의 50년 일생동안 미국에서 선교학의 개척자였다.[5] 그는 미국의 역사서술의 개척자로서 예일대학의 존경받는 교수였으며 특히, 극동지역의 선교학 분야와 기독교의 역사에 대해 총체적인 시야를 제공한 학자였다. 피츠는 라투렛의 글과 저서들을 세 가지 주제들, 즉 '기독교교육,' '극동의 역사,' '기독교 역사' 로 나누어 설명했다.[6] 바하만(Theodore Bachmann, 1911-1995)은 네 가지 범주들, 즉 '극

---

5) William L. Pitts, "World Christianity: The Church History Writing of Kenneth Scott Latourette" (diss., Vanderbilt University,1969), iii-iv.
6) 이 분류는 피츠 Jr.의 것이다. 참조 16. 교육의 주제에 대한 라투렛의 글은 다음과 같다. "The Christian Scholar in War Time," *The North American Student* (April 1918): 331-4; "Morals and the Classroom," *The Intercollegian* 37 (November 1919): 5; "How the Honor System Really Works, *The Intercollegian* 37 (March 1920): 4; "Introducing the Freshman: Preparing Him for His College," *The Intercollegian* 38 (October 1920): 14; "What Magazines Should Students Read?" *The Intercollegian* 38 (December 1920): 8; "What Ethics of the Summer Job," *The Intercollegian* 39 (May 1922); "The Need for a New Puritanism," *The Intercollegian* 41 (February 1924): 1-2; "Are Our Campuses a Menace to Peace?," *The Intercollegian* 42 (October 1924): 4-5; "Shall I Attend the Big Games,?" *The Intercollegian* 42 (November 1924): 1-2; "Are Theological Schools Teaching Peace?," *The Christian* (June 1925): 270-1; and "What of My Home Church?," *The Intercollegian* 42 (June 1925): 270-1. Cf. 17-8. 우드(Wood)는 라투렛의 연구 주체의 변천에 대해 언급했다. 라투렛은 극동으로부터 세계 기독교의 역사로 이동했으며 결국 교회일치운동에 귀결되었다. 그의 초기 관심인 극동에 대해서는 다음의 글들이 대표적이다: "The History of the Early Relations Between the United States and China, 1784-1888" (Ph.D. dissertation); *The Development of China* (1917); *The Development of Japan* (1918); *A History of Christian Missions in China* (1929); *The Chinese: Their History and Culture* (1934); *A Short History of the Far East* (1946); *and A History of Modern China* (1954). 라투렛의 일차적인 관심 영역인 세계 기독교 역사의 팽창은 다음의 글들에서 나타난다: *A History of the Expansion of Christianity*, 7 vols. (1937-1945); *A History of Christianity* (1953); *Christianity in a Revolutionary Age: A His-*

동 역사,' '선교 그리고 교회일치 운동의 역사,' '일반적인 기독교 역사,' '주기별 독교 역사'로 나누어 설명하였다.[7]

라투렛에 대한 참고문헌 연구는 그의 학문적 관심의 변천과 역사서술 이론과 방법들에 대한 견해들을 이해하는데에 적절한 수단을 제공한다. 필자는 라투렛의 생애를 세 가지 시기, 즉 초기 생애와 교육, 선교사 시기, 예일대학의 교수 시기로 나누어 설명하려고 한다.[8]

2. 초기 생애와 교육

라투렛은 1884년 8월 9일 오레곤(Oregon) 주 오레곤 시(Oregon City)에서 태어났다. 그는 아버지 드윗 라투렛(Dewitt Clinton Latourette)과 어머니 로다 스캇(Rhoda Ellen Scott) 사이에서 첫 자녀로 태어났다.[9]

---

tory of Christianity in the Nineteenth and Twentieth Centuries, 5 vols. (1958-1962). 교회일치 운동에 대해서는 Toward a World Christian Fellowship (1938); The Emergence of a World Christian Community (1948); "Ecumenical Bearings of the Missionary Movement and the International Missionary Council" in A History of the Ecumenical Movement, 1517-1948 (1948)들이 중요한 저서들이다. Wood, "Kenneth Scott Latourette (1884-1968): Historian, Ecumenicist, and Friend," 9-13.

7) Bachmann, "Kenneth Scott Latourette," 261.
8) 라투렛의 생애에 대해서는 주로 다음의 책들이 도움을 준다. Beyond the Ranges: An Autobiography (1967); "My Guided Life" in Frontiers of the Christian World Mission Since 1938 (1960)"; "Kenneth Scott Latourette: Historian and Friend" by E. Theodore Bachmann (1962); "Christian Historian, Doer of Christian History: In Memory of Kenneth Scott Latourette 1884-1968" by Searle Bates (1969); Richard W Pointer, "Kenneth Scott Latourette," in Historians of the Christian Tradition: Their Methodology and Influence on Western Thought by Michael Bauman and Martin I. Klauber; and "The Legacy of Kenneth Scott Latourette", by William Richey Hogg (1978).
9) Latourette, Beyond the Ranges, 13; "My Guided Life," 282, and Bachmann, "Kenneth Scott Latourette," 231.

부모들은 경건한 그리스도인들이었고 로키산맥의 서쪽에서 가장 오래된 침례교회에서 열심히 신앙생활을 했다. 아버지는 집사이자 교회학교 선생이었으며, 어머니 또한 주일학교에서 가르쳤다.[10] 케넷은 이 교회에서 자랐고, 침례를 받았으며 후에 안수 받았다.

그의 가족의 신앙 전통은 침례교와 티모시 조지(Timothy George)가 "1세기의 빌리 그레이험"이라고 불렀던 드와이트 무디(Dwight L. Moody, 1837-1899)의 부흥운동 전통에 영향을 받았다.[11] 무디는 찰스 피니(Charles Finney, 1792-1875)의 도시 복음전도의 영향을 받았는데, 피니는 부흥회는 올바른 방법으로 원하는 대로 개최될 수 있고 그 결과가 그 방법들을 정당화 시킨다고 주장한 사람이었다.[12] 무디는 기도 모임, 정기적인 예배, '타-문화 간의 선교'를 열렬히 주장하던 사람이었다.[13]

라투렛은 그들의 가족이 다니는 교회가 정기적인 오전예배에서는 "장중한 찬송가"를, 비정규적인 예배에서는 "무디-생키의 찬송가"(Moody-Sankey hymns)를 불렀다고 회상했다.[14] 라투렛에게서 소년시절의 중심은 가족, 교회, 공립학교였다.[15] 공립학교 교육을 마친후, 그는 1901년 9월 침례교 대학인 맥민빌대학(McMinnville, 후에 Linfield)에 입학했다.[16] 2학년과 3학년 때는 린드필대학의 YMCA와 해외선교를 위한 학생자원운동(the Student Volunteer Movement for Foreign Missions)의 회장이었으며 한 선교 모임에서 그는 선교사가 되기로 결심하고 "만약 하나님이 해외선교

---

10) Latourette, *Beyond the Ranges*, 15-6.
11) Timothy George, "Introduction: Remembering *Mr. Moody*," in *Mr. Moody and the Evangelical Tradition*, ed. Timothy George (NewYork: T&T Clark International LTD, 2004), 1.
12) Stanley N. Gundry, "DemythologizingMoody," in *Mr. Moody and the Evangelical Tradition*, 17.
13) Ibid., 19.
14) Latourette, "My Guided Life," 282-3.
15) Latourette, *Beyond the Ranges*, 16.
16) Ibid., 18.

사가 되는 것을 허락하신다면 그렇게 하겠습니다"라고 쓰여 있는 학생자원운동 선언서 카드에 서명했다.[17] 린드필대학에서 3년을 공부한 후, 1904년 화학전공으로 학사학위를 취득했고, 1905년 4학년생으로 예일대학에 들어갔다.

라투렛은 해외선교, 특별히 중국을 돕는 예일대학 졸업생들이 조직한 예일선교협회(the Yale Missionary Society)에 가입하였다. 라투렛은 동양의 역사(특히 극동)를 가르쳤던 조교수 프레드릭 윌리엄스(Frederick wells Williams, 1812-1884) 의 수업을 들었는데, 이후 윌리암스는 라투렛의 멘토가 되었으며 그에게 중앙아시아, 인도, 극동, 특히 중국을 공부하도록 하였다. 그리고 라투렛은 예일-인-차이나(Yale-in-China) 클럽의 스텝 제안을 받아들였다.[18] 1906년 역사전공으로 학사학위를 받은 후에, 조지 아담스(George Burton Adams, 1851-1925), 에드워드 본(Edward Gaylord Bourne, 1860-1908), 앤드류 휠러(Andrew W. Wheeler), 아사카와(Kanichi Asakawa, 1873-1948), 윌리스톤 워커(Williston Walker) 등에게서 대학원 세미나를 들었다. 라투렛은 1907년 석사학위(M.A.)를, 1909년에 박사학위(Ph.D.)를 취득했다. 박사학위 논문인 "미국과 중국 사이의 초기 관계의 역사, 1784-1844년"(The History of the Early Relations between the United States and China, 1784-1844)은 윌리엄스의 지도로 완성하였다.[19]

버몬트(Vermont) 출신이며 예일대(B.D., 1877), 라이프찌히대학교(Ph.D., 1886)에서 학위를 취득한 아담스는 1888년 예일대학교 역사학 교수가 되었고 그의 주요 분야는 유럽과 중세의 역사였다. 라투렛은 아담스에게서 봉건주의와 왕의 법원(curia Regis)에 대한 세미나를 들었다.[20] 뉴

---

17) Latourette, *Beyond the Ranges*, 23; "My Guided Life," 285; and Bachmann, "Kenneth Scott Latourette," 234.
18) Latourette, *Beyond the Ranges*, 31.
19) Ibid., 32.

욕 출신이며 예일대학교 졸업생(1883)인 에드워드 본은 라투렛에게 고대 역사, 라틴 아메리카 역사, 미국 경제사를 가르쳤다.[20] 라투렛은 일본 문화와 국제관계에 뛰어난 학자였던 아사카와에게서 일본 역사를 공부했다.[22] 그리고 앤드류 휠러의 현대 유럽역사에 대한 수업을 청강했고, 역사적 객관성을 주장했던 윌리스톤 워커의 교회사 수업을 들었다. 워커는 교회의 역사를 '하나님이 인도한 과정' (a divinely guided process) 이야기와 '하나님 왕국의 실현' (realization of the kingdom of God)이라고 주장한 학자였다.[23]

바하만은 특히 라투렛에 끼친 워커 교수의 시각과 가르침의 영향을 평가하면서 예일대학교에서의 역사적 객관성의 발전(development)을 추적하였다. 바하만에 따르면, 워커 교수 이전에 예일대학교의 교회사 교재는 조지 피셔(George Park Fisher)의 《기독교회사》(*History of the Christian Church*, 1888)로, 이 책은 예일대학교 전통인, 독일의 학문 전통의 "엄격한 객관성" (stern objectivity)을 따르는 첫 번째 교과서였다. 이어 워커의 《기독교회사》(*A History of the Christian Church*, 1917)는 피셔의 교과서

---

20) Laura R. Robinson, "Adams, George Burton," in *American National Biography*, vol. 1, ed., John A. Garraty and Mark C. Carnes (New York: Oxford University Press, 1999), 85-6; Latourette, *Beyond the Ranges*, 32.
21) Latourette, *Beyond the Ranges*, 32.
22) Latourette, *Beyond the Ranges*, 32; Susumu Yabuki, "K. Asakawa's View on History: Science Prefers the White Light of Truth: Japan andthe World: A Conference on Japan's Contemporary Geopolitical Challenge, in Honor of the Memory of AsakawaKan-ichi,"YaleUniversity, March 9-10, 2007. From http://research.yale.edu/eastasian-studies/ japanworld/yabuki. pdf; Internet; accessed 27 February 2008; Yabuki, "The Dreamer: Kan'ichi Asakawa: Personal History," from http:// www. ref.fukushima.jp/list_e/ym971_ le.html; Internet; accessed 27 February 2008.
23) Yale Divinity Quarterly 8 (May 1911): 12; quoted from Bainton, *Yale and the Ministry*, 235.

를 대체했고 라투렛의 《기독교 역사》(History of Christianity, 1953)는 워커의 실례를 따랐다.[24] 하지만 바하만은 라투렛은 객관적 역사를 넘어 신앙, 즉 '기독교인의 확신'(the Christian conviction)으로 나아갔다고 지적하였다.[25]

3. 선교사 시절

박사학위를 취득한 이후 라투렛은 그의 공적인 직업을 해외선교를 위한 학생자원운동의 '여행하는 비서'(a traveling secretary)로 시작했다.[26] 1910년 그는 기독교 신앙과 현대 서양 교육단체인 예일-인-차이나의 스텝으로 중국에 갔고,[27] 이곳에서 그는 전임 조교로서 중국어와 중국문화를 공부하였다.[28] 그리고 또 다른 활동들에도 그의 시간과 에너지를 쏟았다.

> "나는 또한 수업에서 미국 역사를 가르쳤다. 교회에서 오르간을 반주했고, 영어로 성경공부를 인도했으며, 남성 합창단(a glee club)을 결성했으며, 그 학교에서 비공식적인 소년들의 모임을 이끌었다. 게다가 나는 중국 사람들과 이제 막 알게 된 사람들에게 관심을 가지고 있는 선교사들로 구성된 한 모임을 만들었는데 그 모임의 비서였다."[29]

---

24) Bachmann, "Kenneth Scott Latourette," 268-9.
25) Ibid., 268; Latourette, The Christian Outlook, ix.
26) Latourette, *Beyond the Range*, 37.
27) Bachmann, "Kenneth Scott Latourette," 240. 이전에 예일-차이나 협회(the Yale-China Association)로 불렸던 예일-인-차이나는 그 명칭을 예일-인-차이나협회(the Yale-in-China Association, 1939)와 예일-차이나 협회(the Yale-China Association, 1975)로 변경되었다. Latourette, *Beyond the Ranges*, 76.
28) Latourette, *Beyond the Ranges*, 44.
29) Ibid.

하지만 갑작스런 이질에 걸린 그는 1912년 3월, 고향으로 되돌아가야만 했다.[30] 하지만 라투렛의 중국에 머문 경험은 그의 삶의 목표를 깨닫게 해주었다. 이때 그는 극동에 대한 서양의 무지와 기독교 확장의 가치에 대해 인식하게 되었다.[31] "중국에서 돌아온 후 나는 이 나라에 극동에 대한 정보가 정말로 없다는 사실을 느꼈다"고 기록했다.[32] 그는 자신이 중국을 위한 '선구자'(a trail blazer)로 부름 받았음을 믿었다. 그리고 극동에 대한 서양의 무지와 기독교 확장의 가치에 대한 그의 의식은 라투렛 자신의 전 생애 동안 이 주제들에 대해 가르치고 저술하게 하였다.[33]

4. 예일대학교와 다른 학교에서의 교수생활

라투렛은 건강상의 문제로 전문적인 학자로의 초대를 신속하게 받아들였다. 그는 1914년 오레곤 주 포트랜드(Portland, Oregon)에 위치한 리드대학(Reed College)에서 역사학을 강의하는 시간강사가 되었다. 이 대학에 있는 동안 그는 극동의 역사에 대한 수업을 위해 교과서를 저술했는데, 후에 이 책은 《중국의 발전》(The Development of China, 1917)으로 출판되었다. 이 책은 북미 사람들에게 극동에 대한 정보를 제공하려는 그의 선교적 목표의 산물이었다.[34] 리드대학의 재정상의 압박으로 전임교수로 남아 있을 수 없게 되자 그는 결국 오하이오 주 그랜빌(Grinville, Ohio)

---

30) Latourette, "My Guided Life," 288-9; Bachmann, "Kenneth Scott Latourette," 241.
31) Pointer, Richard W, "Kenneth Scott Latourette," in *Historians of the Christian Tradition: Their Methodology and Influence on Western Thought*, ed., Michael Bauman and Martin I. Klauber (Nashville, Tenn.: Broadman & Holman Publishers, 1995), 413.
32) Latourette, *Beyond the Ranges*, 50-1; Pointer, "Kenneth Scott Latourette," 413.
33) Latourette, *Beyond the Ranges*, 51.
34) Bachmann, "Kenneth Scott Latourette," 241-2.

에 위치한 데니슨대학교(Denison University)의 1년 임용 제안(역사학)을 받아들였는데,35) 이후에 역사학부 정치학과의 과장이 갑자기 사임하게되자, 그 직책을 맡게 되었다.36)

라투렛은 기독교의 팽창 역사에 대한 수업을 시작했고, 이것은 예일대학에서 그의 중요한 수업의 기초가 된 동시에 그의 주저인《기독교 팽창사》(The History of the Expansion of Christianity)가 되었다. 그는 또한 첫 번째 책인《중국의 발전》, 그리고 1년 후에《일본의 발전》(The Development, 1918)을 출판했으며,《중국의 기독교 선교역사》(A History of Christian Missions in China, 1930)를 저술하기 위해 자료들을 모으기 시작했다. 라투렛은 군 복무의 일환으로 주의 부서에 극동 전문가로서 일해 달라는 제안을 거절했다. 그는 대학에 남는 것이 일반 시민처럼 의무를 다하는 것이라고 믿어 1918년에 목사안수를 받고 데니슨대학교에서 예배 인도자가 되었다.37) 세계를 '민주주의를 위해 안전하게' 만들려는 그의 꿈은 그로 하여금《세계 민주주의의 기독교의 기초》(The Christian Basis of World Democracy, 1919)를 저술하게 하였고 이 책에서 라투렛은 그의 강한 경험적인 기독교 사회윤리 때문에 사회복음을 주창했다.38)

1921년 라투렛은 1906년부터 예일대학교 선교학 교수로 선교 지리와 통계학을 가르치고 있었던 할란 비치(Harlan Page Beach, 1854-1933)에게서 자신의 뒤를 이어달라는 제안을 받았다.39) 이후에 라투렛은 그 초청을

---

35) Latourette, Beyond the Ranges, 52.
36) Latourette, Beyond the Ranges, 54; "My Guided Life," 290.
37) Latourette, Beyond the Ranges, 55.
38) Ibid., 56; Bachmann, "Kenneth Scott Latourette," 244.
39) 비치는 두 권인 Geography and Atlas of Protestant Missions (1901)를 저술했고 the Statistical Atlas of Christian Missions (1910)를 준비했으며, 결국 World Atlas of Christian Missions (1911)를 데니스(James S. Denis), 젬머(Samuel Zwemer), 파스(Charles H. Fahs)와 함께 저술했다. 그와 존(Burton St. John)은 World Statistics on Christian Missions를 공동 저술했다. 비치와 파스는 the World Missionary Atlas (1925)을 공동으로 편집했다. Bachmann, "Kenneth Scott Latourette," 245-6;

받아들였다.

"예일대학교의 자리를 받아들인 이유로는 몇 가지가 있었다. 나는 드와이트 홀(Dwight Hall, 예일대의 기독교 동아리)과 예일대학교 학부생들과의 교제를 다시 시작할 수 있었다. 더욱 중요한 것은, 선교사들이 되도록 준비하는 것을 돕고, 학부생들과 신학부의 학생들에게 일생의 사역으로 선교할 것을 제시함으로써 나의 선교 목적을 달성할 수 있었다. 미래에 해외선교에 헌신할 목회자들과 친분을 맺음으로써, 세계선교와 관련이 있었던 뉴욕의 부서들(boards)과 위원회들(committees)을 섬김으로써."[40]

예일대학교 교수로서 초창기에 라투렛은 비록 예일대학 신학부 교수였지만 정식으로 신학교육을 받지 않았다는 사실에 어려움을 겪었다. 그는 해외선교, 특히 기독교 팽창의 역사에 많은 관심을 기울였고 결국 예일대학교에서 개설되는 극동에 대한 모든 과목들을 가르칠 수 있었다.[41] 1927년 라투렛은 선교와 동양 역사를 가르쳤던 D. 제임스(D. Willis James)의 교수직을 물려받았다.[42]

Pointer, "Kenneth Scott Latourette," 413; and Charles H. Fahs, "On Making a Missionary Atlas," from http://www.worldmap.org/challenge/; Internet; accessed 5 April 2008.

40) Latourette, *Beyond the Ranges*, 61. "My Guided Life"에서 라투렛은 네 가지 이유를 들었다. "첫째, 나는 선교학의 학과장이 되어 선교사들을 도울 수 있었다. 둘째, 전도유망한 목회자들은 선교를 알아야 한다. 셋째, 학부생들은 도움을 받아야 하고 그들의 기독교 신앙은 격려받아야 한다. 넷째, 뉴욕 도시에 있는 여러 선교 부서들을 섬길 수 있었다." Latourette, "My Guided Life," 291.

41) 신학부에서 그의 가르침을 시작 한 것에 대해, 그는 다음과 같이 적었다: "그 학교를 떠나게도 할 수 있을 과목을 총장에게 개설하기를 원한다고 말하는 것은 아주 무모한 일이었다. 하지만 '기독교의 팽창'에 대한 과목을 개설했고 엑스맨(Gene Exman)은 그것을 받아들였다." Latourette, "My Guided Life," 290.

42) Latourette, Beyond the Ranges, 72-4; "My Guided Life," 291; and Bachmann,

예일대학교의 교수로서 첫 번째 10년 동안, 라투렛은《중국의 기독교 선교 역사》(1929)와 두 권으로 된《중국: 그들의 역사와 문화》(The Chinese: Their History and Culture, 1934)를 출판했다.[43] 그는 세계 1차 대전 이후 국제적인 관계에 관심을 계속 가져 해외관계협의회(the Council of Foreign Relations), 연방교회협의회의 국제정의와 친선을 위한 위원회(the Federal Council of Church's Committee on International Justice and Goodwill), 뉴 헤븐(예일대) 교수들과 도시 사람들로 구성된 비공식 그룹에 관여했으며, 몇몇 박사과정 학생들을 지도했다.[44] 1930년대에 그는 YMCA국제위원회(the International Committee of the YMCA)와 중국의학위원회(the China Medical Board) 회원이었고 후에 Religion in Life지의 편집위원으로 봉사하였다.[45] 라투렛은 예일대학교에서의 첫 번째 10년 동안 아주 만족해 하였다.[46]

예일대학교에서 라투렛은 기독교 팽창의 역사, 해외선교, 극동, 특히 중국의 역사, 기독교의 국제관계, 교회일치운동에 대한 과목들을 가르쳤다.[47] 그는《내일의 선교》(Missions Tomorrow, 1936)와 호그(William Richey Hogg)와 함께《이곳에 내일이 있습니다》(Tomorrow is Here, 1948)를 출판했으며 그의 대작인 7권으로 된《기독교 팽창사》를 출판했다. 제1권은 1937년에, 그리고 제7권은 1945년에 출판되었는데, 이 광범위한

"Kenneth Scott Latourette," 246.
43) Latourette, Beyond the Ranges, 78, 82; Bachmann, "Kenneth Scott Latourette," 247-8.
44) Latourette, Beyond the Ranges, 83-6.
45) Ibid., 125-6.
46) 그는 "비록 어려웠지만, 예일대학교의 10년 교수생활은 많은 사람들과 친분을 쌓았고 좀 의심은 있었지만 깊은 신앙생활을 할 수 있었다"고 기록했다. Ibid., 87.
47) 기본적인 질문들은 다음과 같은 것들 이었다: "시대와 나라마다 다르겠지만 기독교는 어디까지 퍼졌는가?; "왜 그것은 퍼졌는가?"; "환경에 대한 그 영향은 무엇이었는가?"; "기독교에 대한 환경의 영향은 무엇이었는가?."

작품은 기독교운동이 세계적으로 성장하고 있는 곳에서 기독교와 그 문화적 환경 사이의 상호관계에 대해 의문을 가짐으로 시작하였다.[48]

라투렛은 기독교의 강력한 힘과 인간의 문화에 끼치는 기독교의 영향력에 기초하여 전 기독교 역사를 다루었다. 그는 "이 책은 나로 하여금 또 다른 새로운 모험으로 인도했다. 일반적으로 교회 역사라고 불리워지는 것의 모든 영역을 다루는 충분한 조사가 존재하지 않았다는 것에 나는 늘 관심을 가지고 있었다"고 말했다.[49] 이 위대한 연구뿐만 아니라, 그는 《서기》(Anno Domini, 1940), 《꺼지지 않는 빛》(Unquenchable Light, 1941), 《간략한 극동 역사》(A Short History of the Far East, 1946), 《기독교 전망》(The Christian Outlook, 1948)을 출판했다. 그는 또한 1948년 세계교회협의회(the World Council of Churches)을 결성하는데 공헌하였고 고문으로 봉사하였다.[50] 1949년에는 미국역사학회(AHA) 의장으로 선출되었고 의장 연설인 "역사에 대한 기독교인의 이해"(The Christian Understanding)는 청중들 사이에 여러 가지 반응들을 불러일으켰다.[51] 1949년 그는 중국협회 내에 있는 오벌린(the Oberlin in China Association)과 일본 국제기독교대학 설립회(the Japan International Christian University Foundation) 이사가 되었다.[52] 그리고 미국 침례교 총회(the American Baptist Convention, 일명 북침례교)와 극동협회(the Far Eastern Association, 지금은 Association of Asian Studies) 의장이 되었다.[53] 그는 1951년과 1957년에 《간략한 극동 역사》를 개정했으며 이 책은 중국, 일본, 한국, 동남아시아, 인도를 포함하는 현대 극동에 대한 입문서가 되었다.[54]

---

48) Ibid., 110-1.
49) Ibid., 114.
50) Ibid., 107-8.
51) Ibid., 115-6.
52) Ibid., 126.
53) Bates, "Christian Historian, Doer of Christian History," 318.
54) Latourette, A Short History of the FarEast, 3d ed. (New York: The Macmillan

그는 또한 《극동에서의 미국인의 기록, 1945-51》(*The American Record in the Far East,* 1945-51, 1952)과 《기독교 역사》(*A History of Christianity,* 1953)를 출판하였다.[55]

1953년 6월 라투렛은 예일대학교에서 명예교수가 되었다. 그는 은퇴한 이후에도 계속해서 세계 선교에 헌신하면서 학생들을 만날 기회를 가지려고 하였다.[56] 19세기와 20세기 기독교 역사에 대한 그의 관심은 다섯권으로 된 《혁명시대의 기독교》(*Christianity in a Revolutionary Age,* 1958-62)를 출판하게 했다. 그는 또한 북미 YMCA들의 역사자료위원회 (Committee on Historical Resources) 요청으로 《세계 봉사: 미국과 캐나다의 해외 선교와 YMCA의 세계봉사의 역사》(*World Service: A History of the Foreign Work and World Service of the Young Men's Christian Associations of the United States and Canada,* 1957)를 출판했다.[57] 그는 《간략한 극동역사》(1957)와 《중국: 그들의 역사와 문화》(*The Chinese: Their History and Culture,* 1964)를 개정했고, 《중국》(*China,* 1964)를 출판했다.[58] 그는 뉴욕시에 위치한 유니온신학대학원(the Union Theological Seminary)과, 뉴욕에 위치한 성서신학대학원(Biblical Seminary, 후에 New York Theological Seminary), 그리고 위노나 레이크신학교 (Winona Lake School of Theology, 지금은 the Chicago Graduate School of Theology)에서 가르쳤다. 이 시절은 라투렛에게 아주 생산적이요 만족스러운 시기였다.

"은퇴시절은 빠르게 지나갔다. 이 시절은 나의 인생에서 가장 풍요롭

Company, 1957), vii.
55) Ibid., 129-30.
56) Ibid., 143.
57) Ibid., 145.
58) Ibid., 146-7.

고 행복한 시간이었다."[59]

5. 라투렛의 포스트모던 상황

합리주의, 객관주의, 경험주의 방법론에 대한 근대의 헌신을 지나치게 비판했던 주관주의자들의 공격(포스트모던주의의 문화로 점차적으로 불리게 된)에 반대했던 라투렛의 시각을 살펴보는 것은 도움이 된다. 이를 위해 먼저 라투렛 시대의 주류 사상이었으며 역사의 객관성을 비판했던 포스트모던 시대의 역사가들의 주요 사상들을 살펴보는 것이 필요할 것이다. 먼저 베커와 함께, 20세기 초반 미국에서 가장 영향력이 있는 역사가들 중 한 명인 비어드는 역사를 정확한 과학으로 보는 것을 반대하고 역사주의적 상대주의의 입장을 취했던 실용적인 접근 방식을 받아들였다.《고상한 꿈》(1935)에서, 비어드는 한 역사가가 인종, 성, 계급, 사회적 그리고 지역적인 편애와 같은 그 자신의 환경들로부터 벗어날 가능성을 반박했다.[60] 그는 문서의 한계와 과거를 관찰하는 사람의 정신(minds)이 과거의 사건들을 어떻게 부원하는 것을 방해한다고 생각했기 때문에 역사는 오직 현재의 유용성이 있을 때에 한해서 가치가 있다고 보았다.[61]

유명한 네덜란드 역사가인 요한 호이징가(John Huizinga, 1972-1945)는 역사적 지식의 본성에 대해 연구했다. 그는 역사를 '부정확한 과학'으로 판단했고 인과율을 극히 불완전한 것으로 생각했다. 왜냐하면 역

---

59) Ibid., 154.
60) Charles A. Beard, "That Noble Dream;" quoted in Fritz Stern, ed., *The Varieties of History: From Voltaire to the Present* (New York: Vintage Books, 1972), 317.
61) 비어드는 7가지 이유를 들어 이와같은 결론을 주장했다. Fritz Stern, *The Varieties of History*, 323-5; Charles A. Beard and James Harvey Robinson, *The Development of Modern Europe;* quoted in Montgomery, *The Shape of the Past*, 89.

사적인 세계에서 모든 것은 항상 끝없고 그리고 무한히 복잡하다고 생각했기 때문이었다. 따라서 호이징가는 개인과 그의 환경은 무한히 복잡하고 한계가 없으며, 막연한 것이며 인간은 오직 삶, 환경, 시간과 같은 그들의 외적 조건들에 관여할 때만 역사적인 의미를 갖는다고 생각하였다.[62] 호이징가는 역사가가 역사를 쓸 때, 그의 내적 그리고 외적 요소들을 벗어날 수 없다고 주장했다.[63] 그리고 그는 다음과 같이 결론내렸다.

"역사는 삶 그 자체와의 관계를 보여준다. 확신하기에 충분한 분명한 모습들과 같은 증거에 기초하여 우리는 살고, 견해를 형성하게 계속해서 행동한다. 또한 역사에 있어서 증거는 그 자체로 확실성의 정도이다(the degree of certainty). 증거를 받아들일 때, 역사는 일반적인 삶보다 더욱 엄격하다. 왜냐하면 그 방법은 신앙(faith)을 거의 인정하지 않기 때문이다."[64]

호이징가는 역사의 주제를 '확실성의 정도'로 이해했다. 이 주장은 어찌 보면 역사서술이 가능한가? 아니면 불가능한가의 논의에 중요한 지침이 될 수 있다고 필자는 생각한다.

영국의 이상주의자이며 역사가인 로빈 콜링우드(Robin George Collingwood, 1889-1943)은 과학적인 지식을 비판했고 역사적인 사유에서의 정신의 역할을 강조했다. 그의 주저인 《역사의 관념》(The Idea of History, 1946)에서, 그는 과거에 대한 역사가의 사유에서의 추상성과 주관성을 지적했다.[65]

---

62) Johan Huizinga, "The Idea of History;" quoted in The Varieties of History, 290.
63) Montgomery, The Shape of the Past, 93.
64) Huizinga, "The Idea of History;" quoted in The Varieties of History, 302.
65) Cairns, God and Man in Time, 18.

"역사가의 지식은 그 정신이 과거에 행해왔던 것에 대한 지식이며, 그리고 동시에 그것(역사적 지식)은 이것(과거에 행했던 것)을 다시 하는 것(redoing)이며, 현재 속에서 과거의 행위들을 영구화하는 것이다. 그러므로 역사적 사유의 대상은 그것을 아는 정신(the mind) 밖에 존재하는 어떤 것, 즉 단순한 대상이 아니라 사유의 활동(an activity of thought)이다. 이 사유의 활동은 알고 있는 정신(the knowing mind)이 그것을 재현하고 그렇게 하고 있는 자신을 알 때에 한해서만 알려질 수 있다."[66]

이처럼 포스트모더니즘의 철학적인 뿌리는, 클라이드 그리어 2세(Clyde P. Greer, Jr.)가 평가한 대로, 20세기 상대주의, 실존주의, 언어학에 두고 있으며[67] 집단적으로 이 철학자들은 보편적인 절대성을 부정하는 문화를 대변한 사람들이었다. 실례로 20세기 실존주의자들 가운데, 프랑스 철학자인 장-폴 사르트르(Jean-Paul Sartre, 1905-80)는 사람 혹은 진리에 대해 상대주의적 견해를 취했다. 그는 객관적인 진리를 추상적인 것으로 간주하고 사람을 "자기-의식"(self-consciousness)으로 생각했다. 그는 사람의 자의식과 사회, 경제적인 힘들, 언어 형태와 같은 외적 조건들이 인간 사회와 삶을 통제한다고 주장했다.[68] 이러한 언어학 이론에 대한 강조는 객관적인 실체(objective reality)를 거부하였던 미쉘 푸코(Michel Foucault, 1926-1984)와 자크 데리다(Jacques Derrida, 1930-2004)로 계속되어 객관적인 실체는 오직 인간의 정신 속에만 존재하며 사회적인 조건

---

66) Collingwood, *The Idea of History*, 218. 콜링우드는 좀 더 자세히 언급했다. "자연과학자들과 달리, 역사가는 사건들 그 자체에 대해 전혀 관심이 없다. 그는 오직 사유들의 외적 표현들인 이러한 것들에만 관심을 가진다. 그리고 그 사건들이 사유들을 표현할 때에 한해서만 관심을 가진다. 실제로, 역사가는 오직 사유에만 관심을 가진다." 217.
67) Ibid.
68) Greer, Jr., "Reflecting Honestly on History," in *Think Biblically*, 268.

들에 의해 변화된다고 생각하였다.[69]

푸코는 사회, 지식, 진리에서의 권력(power)의 기능을 강조했다. 권력은 사회 내에서 개인들의 사유나 행동을 통제하고 진리와 도덕적인 기준들을 바꾼다고 믿었다. 그러므로, 실체 혹은 진리는 순수하거나 객관적이지 않고 사회에서 권력을 소유한 사람들에 의해 바뀐다고 주장했다.[70] 데리다는 서양 지성 전통에 숨겨져 있는 전제들과 편견들을 찾으려고 노력했다. 그는 서양의 과학과 철학은 절대적인 계급 집단(implicit hierarchies)과 주관적/객관적, 몸/영혼, 신성한/세속적인 것과 같은 임의적인 이분법적 범주들(arbitrary dichotomous categories)에 의해 형성되었다고 주장했다. 그는 인간의 과학들(sciences)에 대한 담화에서 구조, 상징(sign), 놀이의 역할을 강조하고 "우리는 사물들을 해석하기보다 해석들을 해석할 필요가 있다"(We need to interpret interpretations more than to interpret things)고 언급한 몽테뉴의 말을 인용했다.[71] 지식을 형성할 때 아는 자의 주관적인 역할에 대한 강조는 객관적인 진리에 대한 현대적인 견해를 거부한 것이다.

이러한 포스트모던의 도전에 대해, 기독교 역사가들은 어떻게 충분한 증거를 가진 역사적 지식을 획득할 수 있는가? 포스트모던 시대를 사는 기독교 역사가들에게 실용 가능한(viable) 모델은 없는가? 아래의 역사가들은 포스트모던 시대에 기독교적 시각에서 역사서술의 가능성을 모색한 학자들이다.

역사적인 차원을 떠나서, 맥킨타이어(C. T. McIntire)는 실체의 영적 그리고 존재적인 차원들을 제안했다. 맥킨타이어에게 있어서, 실체는 시

---

69) Ibid., 269.
70) Millard J. Erickson, *Truth or Consequences : the Promise and Perils of Postmodernism* (Downers Grove, Ill.: InterVarsity Press, 2001), 133-49.
71) Jacques Derrida, *Writing and Difference,* trans. Alan Bass (Chicago: The University of Chicago Press, 1978), 278.

간, 공간, 영혼(spirit)의 세계이다. 그는 시간의 특징을 과거 - 현재 - 미래라는 세 - 시간의 관계(a three-time relationship of past-present-future)로 기술하고,[72] 영적인 차원을 "현상의 생성, 존재, 사라짐이 되는 것"(the becoming, being, ceasing to be of phenomena)으로,[73] 공간적 차원을 "초월적 실체와 관련된" 어떤 것으로 묘사하였다.[74] 이 세계에서 세계와 모든 것은 3차원을 가지고 있기 때문에, 맥킨타이어는 그리스도인들은 실체를 '현상에 대해서 가장 궁극적인 차원' 인 영적인 차원에서 이해할 것을 촉구했다. 그는 그리스도인들은 실체에 대해서 역사적인 차원을 넘어 영적인 차원으로 나아가야 하며 정말로 그리스도인으로서 이해할 것을 주장하였다. 이러한 이해는 실체를 하나님의 목적과 법칙과의 관계에서 보는 것이다.[75] 마틴 마티(Martin E. Marty)도 언급했듯이, 이러한 이해는 하나님이 하셨던 활동들을 통해서 특별히 "예수 그리스도 안에서" 실체를 보는 것이다.[76]

만약 가능하다면, 어느 정도로 역사적인 파악과 사건들이 실체에 대한 영적인 이해를 지지할 수 있을까? 확실성은 증거를 필요로 한다. 실제적인 사건들과 믿을 수 있는 증거를 찾으려는 노력들은 역사 연구에 있어 기본적인 요소이다.[77] 바로 이러한 입장에서 라투렛은 기독교의 역사

---

72) McIntire, "Historical Study and the Historical Dimension of Our World," in *History and Historical Understanding*, 25.
73) Ibid., 30.
74) Ibid., 18.
75) Ibid., 19, 21.
76) Martin E. Marty, "The Difference in Being A Christian," in *History and Historical Understanding*, 43.

를 이야기하려고하였다.

기독교 역사가들은 사람들에게 성경의 한 모델로 돌아갈 것을 촉구했는데, 그 모델은 복음서와 사도행전에서 전기적으로 역사를 서술한 누가였다. 누가는 선교의 역사를 교회 역사로 만든 첫 번째 역사가였다.[78] 누가는 "증인과 그 증인들에게서 모은 이야기들로부터 가능한 한 모든 정보들을 얻으려고 고통을 감수했다"고 라투렛은 인정했다.[79] 마샬(I. Howard Mar-shall)은 누가를 "역사가이자 신학자,"[80] 파슨스(Mikeal C. Parsons)는 그를 "이야기꾼, 해석가, 복음전도인"으로 불렀다.[81] 행겔(Martin Hengel)은 누가를 단순히 편집 작가로 보지 않고 관심을 가지고 취급되어야 할 진정한 역사가이자 신학자로 간주하였다.[82]

초기 기독교에서의 누가의 가치는 슈바이처(Albert Schweitzer, 1875-1965), 바우어(Ferdinand Christian Baur, 1792-1860), 하르낙(Adolph von Harnack, 1851-1930), 램지(William Mitchell Ramsay, 1851-1939)에 의해 연구되었다.[83] 케언즈는 누가를 초기 기독교의 가장 훌륭한 역사가들 중 하나로 인정했다.[84] 이 점에서 누가의 탁월함은 누가복음 1장 1절에서 언급된대로 역사적 연구의 절차에 대한 그의 말과 일치한다.

---

77) Strout, *The Pragmatic Revolt in American History*, 158-9.
78) Eric J. Sharpe, "Reflections on Missionary Historiography," *International Bulletin of Missionary Research* 13 (1989), 76.
79) Latourette, *A History of Christianity*, 58.
80) I. Howard Marshall, *Luke: Historian & Theologian*, 3rd ed. (Downers Grove, Ill.: InterVarsity Press, 1998.
81) Mikeal C. Parsons, *Luke: Storyteller, Interpreter, Evangelist* (Peabody,Mass.: Hendrickson Publishers, Inc., 2007).
82) Martin Hengel, *Acts and the History of Earliest Christianity* (Philadelphia: Fortress Press, 1980), 61.
83) Robertson, *Luke*, 1-15.
84) Cairns, *God and Man in Time*, 69.

"우리 가운데서 일어난 일들에 대하여 차례대로 이야기를 엮어내려고 손을 댄 사람이 많이 있었습니다. 그들은 이것을 처음부터 말씀의 목격자요 전파자가 된 이들이 우리에게 전하여 준대로 엮어냈습니다. 그런데 존귀하신 데오빌로님, 나도 모든 것을 시초부터 정확하게 조사하여 보았으므로, 각하께 그것을 순서대로 써 드리는 것이 좋겠다고 생각하였습니다. 이리하여 각하께서 이미 배우신 일들이 확실한 사실임을 아시게 되기를 바라는 바입니다."(새번역)

그리어는 누가의 연구 방법을 "정교한, 연대기적, 역사적인" 이야기라고 불렀다. 누가는 믿을만한 일차적 그리고 이차적 자료들을 사용하며 누가는 자신의 연구에서 성령의 역할을 고백했다(베드로후서 1장 21절).[85] 케언즈가 언급했듯이, 누가는 자신의 연구를 과학적인 방법으로, 철학적인 해석으로, 문학적인 표현으로 수행하였다.[86]

과거를 재구성하는 누가의 세 가지 유형은 라투렛의 저서들에서도 발견된다. 첫째, 기독교의 역사를 쓸 때, 라투렛은 일차적 그리고 이차적 자료들을 포함하여 믿을 수 있는 정보들을 비판적으로 검토했고 그것들을 연대기순으로 서술했다. 둘째, 철학적으로는, 자료에 대한 그의 해석은 그의 세계적인 견해(혹은 지구적 시각, global viewpoint)와 신학적인 시각(theological perspective)에 의해 주어졌다. 셋째, 문학적으로는, 그의 저술들은 광범위하고 잘 균형 잡혀 있었다.

---

85) Greer, "Reflecting Honestly on History," in *Think Biblically*, 273-4.
86) Cairns, *God and Man in Time*, 9.

제2장
라투렛과 역사적 객관주의

1. 상대주의에 대한 라투렛의 반응과 신앙의 필요성

라투렛은 그리스도인의 역사서술의 가능성을 옹호했다. 그의 역사서술을 이해하기 위해서는 그가 역사를 어떻게 접근했는지를 먼저 이해해야 한다. 라투렛의 역사서술에 대해서는 세가지 주요 질문들이 있다.

(1) "그가 어떻게 기독교의 역사에 대해 그러한 견해를 갖게 되었는가?"
(2) "어떻게 그가 세계적이고 교회일치적인 기독교의 선구자가 되었는가?"
(3) "얼마나 그의 연구가 현대 기독교 역사서술에 영향을 끼쳤는가?"

첫 번째 질문은 그의 역사서술 방법에 대한 것이고, 두 번째 질문은 역사서술의 내용에 대한 것이며, 그리고 세 번째 질문은 역사서술 평가에 대한 것이다.

이 세 가지 질문들을 논의하기에 앞서, 과학적 혹은 객관적인 역사에 대한 라투렛의 견해를 검토하는 것이 중요하다. 그의 견해는 두 가지를 염두에 두고 접근해야 한다. 첫째, 역사에 있어서의 준거틀(a frame of reference)에 대한 그의 인정과, 둘째 기독교의 역사를 전체적으로, 다시 말해서 장소와 시간 속에서 하나님의 모든 백성들 이야기로 보려는 그의 견해를 살펴보아야 한다.

> 라투렛은 '객관적인 역사'를 얻는 일에 이성이 충분하지 않다고 생각하면서, 오히려 확신(conviction)의 역할에 대해서 강조했다. 그에게 있어서 확신은 근거 없는 억측이나 무비판적인 개념이 아니라 그것은 중요한 기독교 신앙의 진리(the fundamental truth of Christian faith)에 기초한 것이었다.

첫 번째 주제인 역사의 순수한 객관성에 대해서, 라투렛은 그것을 다루는데 많은 시간을 투자하지 않았다. 그는 역사적인 편견을 가지고 있지 않다고 주장하는 역사가들의 정직하지 못함을 지적하고 그들을 "자기를-속이거나", "정직하지 못한" 사람으로 여겼다.[87] 오히려 그는 그것이 세속적인 것이든 신성한 것이든, 역사가는 어느 특정한 견해가 필요함을 강조했다. 그는 또한 이성 역시 필요하다고 인정했다.[88] 이 두 가지(특정한 준거틀과 이성)에 대한 관심은 그로 하여금 경험적이고 신학적인 시각을 바탕으로 기독교 역사에 접근했다. 라투렛은 역사가는 객관적인 것을 추구할 수 있고 실제로 일어났던 것을 말하려고 노력할 수 있다는 것을 인정했다. 하지만 문제는 엄밀히 말해서 '객관적인 역사' 혹은 '객관적인 과학' 은 존재지 않는다는 점이다.[89] 라투렛은 '객관적인 역사'를 얻는 일에 이성이 충분하지 않다고 생각하면서, 오히려 확신(conviction)의

---

87) Latourette, *The Christian Outlook*, ix; *Christianity through the Ages* (New York: Harper & Row, Publishers, 1965), v; *A History of Modern China* (Baltimore, Md.: Penguin Books, 1954), 13.
88) Latourette, "The Christian Understanding of History," 59.
89) George Arthur Buttrick, *Christ and History* (Nashville: Abingdon Press, 1963), 31.

역할에 대해서 강조했다. 그에게 있어서 확신은 근거 없는 억측이나 무비판적인 개념이 아니라 그것은 중요한 기독교 신앙의 진리(the fundamental truth of Christian faith)에 기초한 것이었다.

라투렛은 이성은 확신을 지지하고, 확신은 "마침내 신뢰에 완전히 자기를 맡기게 된다"(finally comes through a complete self-giving in trust)고 주장하였다.[90] 이러한 확신은 라투렛이 가지게 되었던 그리스도인의 시각의 토대가 되었다. 이성만으로는 진리를 얻을 수 없다고 생각했기 때문에 그는 중립적이거나 엄격하게 객관적인 토대에 근거한 순수한 객관성의 존재를 거부했다.[91] 그러므로 그는 "유일한 혹은 최종의 기준으로서의 이성에 대한 무비판적인 신뢰는 이성을 무시하는(disdain) 신앙보다 더욱 위험할 수 있는 맹목적으로 믿어버리는 행위(a blind act of credulity)다"라고 언급하였다.[92] 동시에 신앙은 맹목적인 믿어버림에 희생이 되어서는 안 된다고 주장했다. 그는 각 역사가가 가지고 있는 전제들과 관심들은 여러 요인들에 의해 결정된다고 하면서[93] 이성이 불충분함으로 특별한 견해 혹은 시각(vantage point)이 필요하다고 주장했다. 비판적인 사고를 완화시키거나 반대하는 경향을 가지고 있는 신앙은 그러므로 더욱 신뢰할 수 있는 자료들을 추구해야 한다고 라투렛은 생각한 것이다.

라투렛이 주장한대로, 만약 역사가가 그의 경험을 구성하는 전제들의 덫에서 벗어날 수 없다면, 그가 선택한 특정한 견해에서 역사가는 어떻게

---

90) Latourette, *The Christian Outlook*, ix.
91) 라투렛은 "순수한 객관성은 자연 과학에서조차도 존재하지 않는다. 기독교에 찬성하거나 반대하거나만 있고 중립 혹은 엄격한 객관적인 근거란 없다"고 언급했다. Latourette, *A History of Christianity*, xxi.
92) Ibid.
93) 자신의 연구와 견해에 대해, 라투렛은 다음과 같이 언급했다: "자신은 정확성과 객관성을 존중하는 역사학파에 속해 있는 역사가이다. 나는 한 사람의 개신교인이며 침례교인이다." Latourette, *Christianity in a Revolutionary Age: A History of Christianity in the Nineteenth and Twentieth Centuries*, vol.1, Background and the Roman Catholic Phase (London: Eyre and Spottiswoode, 1959), xiii.

> 라투렛은 역사가는 '순수한 역사'를 증명할 수 없고 그러므로 신앙에서 출발한 '통찰력'(the insight)이 요구된다고 주장했다.

확실성을 얻기 위해 열심히 노력할 수 있을까?[94] 라투렛은 역사가는 '순수한 역사'를 증명할 수 없고 그러므로 신앙에서 출발한 '통찰력'(the insight)이 요구된다고 주장했다. 그는 자신의 연구가 단순한 '학문적인 기획'이나 '지적인 만족'을 위한 것이 아니라 오히려 그는 자신의 연구를 '삶의 문제들'(the issues of life)에 대한 것이라고 주장하였다.[95] 그는 사람들이 인간사의 최상의 표현들을 모을 수 있는 채널이 곧 기독교라고 생각하였다. 나아가 인간의 역사에 끼친 예수의 영향력에 대한 전체적이고 연대기적인 개관이야말로 과거의 사건들 속에서 발생했던 것을 발견하려는 가장 적절한 시도들 가운데 하나라고 믿었다.[96] 그러므로 기독교에 대한 이러한 개관은 인간사의 여러 측면들인 정치적, 종교적, 경제적, 미적, 사회적, 지적인 측면들을 다루어야 한다고 주장하였다.[97] 베이트스(Bates)가 언급했듯이, 역사에서 기독교에 대한 라투렛의 개념은 단순히 신앙에 의존하는 것이 아니라 더욱 인간적(human)이며 종합

---

94) Latourette, *A History of Christianity*, xxi.; *A History of the Expansion of Christianity*, vol.1, *The First Five Centuries* (New York: Harper & Brothers Publishers, 1937), xvii.

95) Latourette, *Anno Domini: Jesus, History, and God* (New York: Harper & Brothers, 1940), xiv-xv.

96) Latourette, *Anno Domini: Jesus, History, and God*, x, xiv; *Christianity through the Ages*, xii. 핸디(Robert T. Handy)는 기독교 신앙 혹은 신자와 역사적인 방법 혹은 역사가 사이의 긴장은 파괴적이기 않고 창의적이라고 주장했다. 왜냐하면 신앙은 역사가로 하여금 역사를 정직하게 보고 역사적인 방법을 사용하도록 도왔기 때문이었다. Robert T. Handy, "Christian Faith and Historical Method: Contradiction, Compromise, or Tension?" in *History and Historical Understanding*, 87.

97) Latourette, *A History of the Expansion of Christianity*, vol. 1, xvii; Latourette, *Christianity through the Ages*, x..

적인 것(comprehensive)이었다.[98]

라투렛은 예수의 영향력을 평가하고 서술하는 몇몇 기준들을 채용하였다. 이러한 기준들은 교회에 대한 것(ecclesiastical)이거나 교리적인 것(dogmatic)이 아니라, 영적인 통찰력과 결합된 견고한 경험적인 연구에 기초한 것들이었다. 그의 목적은 기독교의 내적인 역사 뿐만 아니라 그 외적인 역사에 대해서 '아주 잘 균형이 잡힌' 이야기(account)을 제공하는 것이었다.[99] 이러한 기준들을 채택한 이유는 어느 특별한 견해를 넘어 기독교의 역사를 해석하고 서술하기 위한 것이었다. 라투렛은 이러한 점에서 '과학적' 혹은 '객관적' 이기보다는 '총체적' (inclusive) 혹은 '종합적' (comprehensive)이라는 단어 사용을 좋아했다.[100] 라투렛은 이러한 기준들이 역사가가 기독교의 역사를 전체적으로 보는데 도움이 된다고 주장했다.[101]

기독교와 관련된 자료들 가운데, 역사가에게 조명을 가져다 주는 것은 통찰력에 기초한 신앙에 의존한 것들이다. 이러한 통찰력은 역사가에게 방향과 중요한 해석학적 렌즈를 제공한다. 이러한 통찰력이 없으면, 기독교 역사가는 그 이야기의 중요 포인트를 놓칠 수도 있다. 마스든(George Marsden)은 이것을 "성령의 영적 렌즈들"로, 쿤(Thomas S. Kuhn)은 "패러다임"(a paradigm)으로 불렀다.[102] 이 영적인 렌즈는 역사가로 하여금

---

98) Bates, "Christian Historian, Doer of Christian History," 325.
99) Wood, "Kenneth Scott Latourette (1884-1968)," 10; Latourette, *A History of Christianity*, xv.
100) Latourette, *A History of the Expansion of Christianity*, vol. 1, x; *Christianity through the Ages*, x; *The Christian Outlook*, ix; *A History of Christianity*, xv-xvii.
101) Latourette, *A History of Christianity*, xxi.
102) 리엔스트라(M. Howard Rienstra)는 패러다임을 "어느 특정한 시간에 어느 특별한 과학이나 과학자를 지배하고 있는 전제들, 신념들, 헌신들의 총체"로 정의했다. 기독교 신앙에 있어서 그리스도인의 헌신은 좋은 패러다임이 될 수 있다. 다음을 참조하라. Rienstra's "History, Objectivity, and the Christian Scholar," in *History and Historical Understanding*, 69-82. Especially, see 75.

"실체의 중요한 개요와 그것의 참된 영적인 차원들을 파악하고 이해"하게 만든다.[103]

라투렛은 영적인 렌즈는 자신의 역사 연구에서 일종의 편견일 수 있다는 것을 인정했지만,[104] 그럼에도 불구하고, 인간사에 대한 그리스도인의 해석은 받아들여져야 한다고 덧붙였다.[105] 그는 영적인 차원이란 '인간의 지식의 범위를 훨씬 너머' 있는 것이라고 믿었다.[106] 이성으로는 그 영역에 미칠 수 없고 오직 그리스도인의 확신만이 '인간의 본성과 인류의 순례의 길'을 이해할 수 있다고 믿었다.[107] 라투렛은 역사가의 전제들 혹은 편견뿐만 아니라 그리스도인의 시각(perspective)에 대해서도 강조하였다. 이러한 결합은 전체적이며 신학적인 견해에서 알려진 역사에 대한 그의 새로운 접근 속에서 발견된다.

2. 라투렛의 역사서술의 방법 혹은 새로운 시각: 전체적, 혹은 지구적 견해와 신학적인 견해

라투렛의 방법인 이 새로운 시각은 역사적인 학식으로는 얻을 수 없다고 주장하면서 이전의 역사가들은 이러한 사실을 미처 깨닫지 못했다고 주장했다.[108] 이 새로운 시각은 두 가지 요소, 즉 기독교의 팽창에 대한 '세계

---

103) George M. Marsden, "J. Gresham Machen, History, and Truth," *Westminster Theological Journal* 42 (Fall 1979): 172.
104) Latourette, *Mission Tomorrow*, xiv.
105) Latourette, *A History of the Expansion of Christianity*, vol. 1, xviii.
106) Latourette, *Christianity through the Ages*, x.
107) Latourette, *A History of Christianity*, xiv.
108) 라투렛은 이전의 역사가들은 "지구가 둥글다"는 사실을 잊었다고 주장했다. Ronald H. Bainton, "In Memoriam: Kenneth Scott Latourett, 1884-1968," *Church History* 38 (March 1969): 121.

적'(지구적) 혹은 '전체적' 시각과 '신학적인' 시각, 즉 일종의 확신으로 구성되어 있다고 라투렛은 주장했다.

이 새로운 시각인 세계적인 시각의 첫 번째 요소에 대해, 라민 사네트(Lamin Sanneth, 1942−)와 그랜트 와커(Grant Wacker, 1945−)는 기독교의 세계적인 성장을 서술하려고 시도했던 세 명의 역사가로 구스타브 워넥(Gustaav Adolf Warneck, 1834-1910)과 라투렛 그리고 스티븐 네일(Stephen Neil, 1900-1984)을 들었다.[109] 할레대학교의 교수인 워넥은 '독일 선교학의 설립자,' '독일 선교학의 맨토,' '선교 역사의 교육가'로 불리는 사람이었다.[110] 그는 역사가들에게 선교 역사를 "그 사회적 그리고 식민지 상의 상황"을 포함하여 신학적이고 종합적인 시각에서 다룰 것을 촉구하였다.[111] 라투렛은 이러한 시각을 그의 7권으로 된 《기독교 팽창사》에 적용했다. 네일은 기독교의 역사, 특히 신약성서, 인도의 기독교 역사, 교회일치운동을 다루었다. 그의 주저 중 하나가 《기독교 선교역사》(History

---

109) Lamin Sanneth and Grant Wacker, review of *The Missionary Movement in Christian History: Studies in the Transmission of Faith,* by Andrew F. Walls, Church History 68, no. 4 (December 1999): 954-5. 바흐맨(Bachmann)은 라투렛이 그의 《기독교 팽창사》의 첫 부분에서 하르낙의 *Mission and Expansion of Christianity in the First Three Centuries* (1902)를 확장했다고 주장했다. Bachmann, "Kenneth Scott Latourette," 252.

110) Gerhard Ratzlaff, *"review of Gustav Warneck's Missiologisches Erbe,"* by Hans Kasdorf (Pasadena, C.A: School of World Mission, 1990), Direction 20, no. 1 (spring 1991): 118-19 from http://www.directionjournal.org/article/?709; Internet; accessed 5 April 2008. Thomas Schirrmacher, "William Carey, Post millennialism and the Theology of World Missions" in Contra Mundum Essay Collection, from http://www.contra-mundum.org/schirrmacher/careypostmil.html; Internet; accessed 5 April 2008.

111) Sanneth and Wacker, review of *The Missionary Movement in Christian History: Studies in the Transmission of Faith,* 954-5; Susan Conway, "Missiology Defined" in the Homepage of Kjos Ministries from http://www.crossroad.to/Quotes/Church/Conway/missiology.htm; Internet; accessed 5 April 2008.

of Christian Missions, 1964)인데, 이 책에서 그는 '기독교 복음의 세계적인 팽창'과 그 팽창의 '환경'을 강조하였다.[112]

이 역사가들 가운데 라투렛은 '기독교의 이야기'를 "보편사라는 환경"(the setting of universal history)에서 서술했다.[113] 우드에 따르면, 라투렛 이전의 역사가들은 교회 역사를 특정 지역(provincialism) 혹은 지리적인 경계를 중심으로 서술하거나 '기관 혹은 신학적인 역사'에 기초하여 서술하는 경향이 있었다. 하지만 라투렛은 기독교의 역사를 사회, 경제, 정치 등 다른 요소들의 관점에서 '역사에서의 경험적인 운동'(an empirical movement in history)으로 취급한 점이 이전 역사가들과 구별되었다.[114] 라투렛은 계속해서 역사가는 '세계적' 혹은 '지구적'인 시각에 관심을 기울일 것을 촉구하였다. 그는 이러한 새로운 견해를 기독교 역사에 있어 '아주 완벽한 재교육'(a fairly thorough reorientation)이라 불렀다.[115] 이것에서 교회의 역사를 '세계적' 혹은 '지구적'인 시각에서 취급한다는 의미는 기독교의 역사를 그 지구적인 환경 속에서 보는 것이었다.[116] 그가 언급한 대로, 이러한 시각은 역사를 '그것이 실제로 발생했던 것'과 '그것이 실제로 일어난 현재의 현장'(the current scene as it really is)으로 보려고 노력하는 것이다.[117] 이것은 "온 지구를 모두 살피는 것"이며 "종합적인

---

112) Stephen Neill, *A History of Christian Missions*, rev. ed. by Owen Chadwick (New York: Penguin Books, 1986). 제1판은 펠리칸 북(Pelican Books)에서 1964년에 출판되었다. 제2판은 오웬 체드윅(Owen Chadwick)에 의해 1986년에 출판되었다. 개정판에서, 채드윅은 그 시대의 관점에서 마지막 두 장을 다시 썼다. 저자의 머리말을 보라. 15.

113) James E. Wood, "Kenneth Scott Latourette (1884-1968): Historian, Ecumenicist, and Friend," *Journal of Church and State* 2 (1969): 10.

114) Ibid., 10.

115) Latourette, "New Perspectives in Church History," *Journal of Religion* 21 (1941): 432.

116) Latourette, *A History of Christianity* (New York: Harper & Brothers, 1953), xvii.

117) Latourette, *The Christian Outlook*, v.

시각을 가지고 판단에 도달하려는" 노력이었다.[118] 라투렛은 이것을 '초점의 변화' (a change of focus)라고 불렀다.[119]

"교회 역사에서의 새로운 시각"(New Perspectives in Church History)에서 라투렛은 이 초점의 변화는 세 가지 형태를 취해야 한다고 주장했다.

> "먼저, 기독교 역사에만 시야를 제안하기보다 기독교의 전 역사를 포용하는 방식으로 학생들의 시야를 넓혀야 한다. 둘째, 처음부터, 서양 특히 유럽에 초점을 두는 대신 시선을 모든 인류의 인종에 두어야 한다. 그래야만 각 시기마다 기독교는 인류의 인종의 한 부분으로서가 아니라 모든 인류에 속하는 역사의 계속되는 흐름에 속하는 것으로 간주될 수 있다. 셋째, 위의 두 번째 시각으로부터 중요한 점은 지난 4세기, 특히 지난 150여 년 동안에 더욱 많은 관심을 기울여야 한다 … 왜냐하면 기독교가 인간의 역사에서 사라져가는 세력이라기보다 오히려 성장하고 있는 세력이었다는 것이 명백해질 것이기 때문이다."[120]

초점의 변화는 급진적이며 혁명적이었다. 라투렛은 네 가지 변화를 요청했다. 첫째, 역사가는 단지 기독교 기관인 교회에 제한되지 않고 전 기독교 역사의 관점에서 교회 역사를 보아야 한다고 제안하면서, 교회를 그 환경으로부터 분리할 수 있다고 생각하여 교회를 기관 혹은 다수의 기관들로 생각했던 역사가들을 비판했다.[121] 그러므로 라투렛은 초점의 변화, 즉 '기

---

118) Latourette, "A Historian Looks Ahead: the Future of Christianity in the Light of its Past," the Presidential Address delivered at the meeting of the American Society of Church History in New York City on December 28, 1945. Church History 15 (1946): 4.
119) Latourette, "New Perspectives in Church History," 432.
120) Ibid.
121) Latourette, "The Place of Church History in the Training of Missionaries" in The

독교회의 역사'(the history of the Christian church)로부터 '기독교의 역사'(the history of Christianity)로 이동할 것을 강조하였다.[122] 라투렛은 기독교의 종합적인 역사를 말하려고 노력하는 역사가는 "그 환경에 끼친 기독교의 영향" 뿐만 아니라 "신앙 그 자체에 끼친 환경의 영향"도 포함해야 하며 그러므로 기독교 역사는 신앙, 예배와 같은 교회의 내적인 요소들 뿐만 아니라 예술, 음악, 문학, 교육, 철학, 정치적 혹은 사회적 기관들과 같은 교회의 외적 요소들도 포함해야 한다고 주장했다.[123]

둘째, 역사가는 '지리학적인 배경'으로부터 벗어나 모든 '인종'으로 나아가야 한다고 제안했다. 왜냐하면 기독교는 모든 사람들을 위한 보편종교라고 생각했기 때문이었다.[124] 라투렛은 보편적 혹은 교회일치적인 기독교라는 사상을 그의 책 《이곳에 내일이 있습니다》(1948)에서 구체화했다. 이 책에서 그는 '교회일치적'이라는 단어를 "사람이 살고 있는 세계와 같이 넓은"(as broad as the inhabited world)이라고 정의하고 그리고 이 세계를 '세계적인 선교 공동체'(a world missionary community)로 인정했다.[125] 그러므로 라투렛은 역사가란 기독교의 역사를 그 결과와 범위에서 교회일치를 염두에 두고 탐구해야 한다고 주장하였다.[126]

Life of the Church: International Missionary Council Meeting at Tambaram, Madras December12th to 29th, 1938, vol. 4 (Humphrey, London: Oxford University Press, 1939), 273.

122) Latourette, "New Perspectives in Church History," 432; Latourette, "The Place of Church History in the Training of Missionaries," 272.

123) Latourette, "New Perspectives in Church History," 433.

124) Ibid., 434.

125) Latourette and William Richey Hogg, *Tomorrow Is Here* (New York: Friendship Press, 1948), 50. 라투렛은 기독교는 점점 더 한 공동체가 되었다고 주장했다. 그는 이러한 추세는 전례가 없다고 주장했다. Latourette, *The Emergence of A World Christian Community: The Rockwell Lectures on Religion at the Rice Institute, Houston, Texas* (New Haven: Yale University Press, 1949), iii.

126) Latourette, "The Place of Church History in the Training of Missionaries," 273.

셋째, 그는 더 나아가 교회일치 운동의 일차적인 관심은 전 세계에 복음이 영향력을 미치도록(effective) 만드는 것이라고 주장했다.[127] 왜냐하면 기독교는 세계에서 선교를 위한 종교라고 생각했기 때문이었다.[128] 이러한 생각은 복음서 혹은 기독교의 본성과 아주 밀접하게 관련이 있기 때문에 라투렛은 역사가가 자신의 초점을 바꿀 것을 촉구했다.

"만약 그가 이러한 초점의 변화를 채택하면, 모든 그의 연구는 의식적으로 전 세계적인 견해를 가지고 행해질 것이며, 비 - 유럽지역들에서의 기독교에 더욱 관심을 가지게 될 것이다. 이러한 경향은 그의 동료 역사가들과는 다른 것이다."[129]

넷째, 역사가는 더욱 최근의 시기, 특히 19세기와 20세기에 더욱 초점을 맞추어야 한다고 제안했다.[130] 이 시기에 기독교는 그 이전의 시기보다 온 세계에 영향을 끼쳤다고 여겼는데 이러한 확신의 근거는 기독교가 이 두 세기 동안 '성장하는 세력'(a growing force)이었다는 신념에서 나왔다.[131] 라투렛은 기독교가 놀랍게 세계적으로 팽창한 몇몇 실례들을 가지고 자신의 신념을 주장했다. 이 실례들 가운데는 '그리스도인들의 이민,' '비 - 그리스도인들의 개종,' '비 - 유럽 사람들에 문화에 대한 기독교의 늘어나는 영향' 같은 것이 있었다.[132] 요약하면, 역사가는 기독교를 개관할 때 지리학적, 기후, 정치적, 종교적, 경제적, 미적, 사회적, 지적인 요인들을 고려해야 한다고 라투렛은 강조하였다.[133]

---

127) Latourette and Hogg, *Tomorrow Is Here*, 50.
128) Latourette, "New Perspectives in Church History," 434.
129) Ibid., 438.
130) Latourette and Hogg, *Tomorrow Is Here*, 18, 21-2.
131) Latourette, "New Perspectives in Church History," 439.
132) Ibid., 440-1.
133) Latourette, *A History of the Expansion of Christianity*, vol. 1, xvii.

하지만 역사가는 이것 이상으로 나아가야 한다는 것이 라투렛의 생각이었다.[134] 보편적인 역사는 기독교 시각에서 쓰여질 수 있다고 믿었던 그는 자신의 역사서술에서 경험적인 것과 신학적인 것을 결합하려고 노력하였다.[135] 라투렛의 역사서술의 문제를 이해하기 위해서는 다음과 같은 질문이 제기되어야 한다. (1) "라투렛의 역사에 대한 이해는 어떤 것인가?" 이 질문은 역사의 정의에 대한 것이다. (2) "기독교는 무엇인가?" 이 질문은 복음의 본질에 대한 것이다. (3) "기독교와 복음 사이의 관계는 무엇인가?" 이 질문은 그들 사이의 관계에 대한 것이다.

3. 역사에 대한 그리스도인의 이해

첫 번째 질문인 역사의 이해에 대해, 라투렛은 자신의 논문 "역사에 대한 그리스도인의 이해"(The Christian Understanding of History)에서 역사에 대한 그리스도인의 이해에 대해 논의했다.[136] 그는 역사에 대한 그리스도인의 이해는 한 사람, 즉 하나님께서 성육신하신 예수 그리스도와 함께 시작해야 한다고 주장했다.[137] 라투렛은 기독교와 복음을 구별했다. 그는 하나님께서 예수 안에서 드러내시기 원하셨던 것은 기독교가 아니라 복음, 즉 "좋은 소식"(Good News)이었다고 주장하며 이 복음이 새로운 종교인 기독교를 탄생시켰다고 주장했다.[138] 라투렛은 역사 안에서 하나님의

---

134) Latourette, *A History of Christianity*, xvii.
135) Latourette, "A Historian Looks Ahead," 4.
136) Latourette, in *God, History, and Historians: An Anthology of Modern Christian Views of History*, ed. C.T. McIntire (New York: Oxford University Press, 1977), 46-67. This article was originally published in The American Historical Review 54 (1949): 259-76.
137) Latourette, "The Christian Understanding of History," 53.
138) Latourette, *Christianity through the Ages*, 73.

목적은 사람들을 하나님의 형상으로 살게 하는 것이며, 당신의 자녀들에게 영생을 주시는 것이었고 이것이 하나님의 계획이라고 믿었다.[139] 역사 속에서 하나님의 목적을 이해하기 위해, 라투렛은 성령의 역할을 강조하였다.

"역사에 대한 그리스도인의 이해는 하나님께서 역사속에서 그 자신이신 성령을 통하여 계속 일하셨다는 것이다. 그러므로 하나님은 사람의 의지를 존중하셨고 계속해서 당신의 사랑을 사람에게 주셨다. 역사는 성령을 통하여 존재하고 그리스도인들은 세기가 지날수록 예수의 영향력이 약해지기보다는 더욱 커질 것이라는 것을 믿는다."[140]

라투렛은 역사의 진로를 구원, 변화, 영생 등을 포함하여 인류를 위한 하나님의 구원 계획으로 이해하였다. 이러한 것들은 모두 '하나님께서 거저 주시는 은혜'요 '성령을 통해서' 왔다고 믿었다.[141] 그는 역사에 대한 그리스도인의 전망(outlook)의 네 가지 특징을 다음과 같이 설명했다. 첫째, 하나님의 왕국을 보기 위해서 사람은 신앙을 갖거나 거듭나야 한다. 둘째, 개인은 예수님과 밀접한 관계를 가져야 한다, 셋째, 예수님은 인류의 사회적 구조들을 바꾸셨다. 넷째, 역사와 시간은 영원에 둘려 쌓여 있다.[142] 라투렛은 예수 그리스도 안에서 인간의 삶을 변화시키시는 성령의 역할을 강조했다. 누가와 같이, 그는 성령이 역사를 운행하시는 핵심이라고 믿었기 때문이다.

---

139) Latourette, "The Christian Understanding of History," 54.
140) Ibid., 65.
141) Ibid., 54.
142) Ibid., 56-59.

4. 복음의 본질

라투렛은 두 번째 질문인 복음의 본질에 대해 기독교의 독특성을 논의하면서 대답했다. 《그리스도인의 전망》에서, 그는 기독교와 다른 종교들의 차이점을 검토하며[143] 기독교의 독특성은 영토 혹은 지리적인 확장과 같은 세계와 인간의 문화들에 '계속적으로 영향을 끼치는 것'이라고 믿었다. 라투렛은 예수의 영향력을 '세력,' '힘,' '창의적인 자극'(creative impulse), '충격,' '세계를 변화시키시고 보존하시는' 강하신 하나님의 능력(에베소서 1장 19절)으로 정의하였다.[144] 피츠(Pitts) 또한 예수의 영향력과 교회 사이의 관계를 지적하였는데 교회의 역사는 예수와 세계에 대한 그분의 영향력의 이야기라고 주장한 점에서 라투렛과 유사했다. 즉, 기독교와 문화의 상호 영향은 기독교의 독특한 특징이었다는 점에서 유사했다.[145]

라투렛은 각 종교의 영향력은 '인류의 모든 이야기' 혹은 '전반적으로 인간 역사의 환경'으로부터 평가되어야 한다고 강조했다.[146] 힌두교, 불교, 도교, 공자사상, 이슬람, 조르아스터교, 신플라톤주의, 유대교, 신토(Shinto, 일본 고유의 다신교), 시크교와 같은 다른 종교들은 영토 혹은 지리에 대한 확장과 영향력이라는 측면에서 성공적이라기보다는 오히려 쇠퇴하고 있는 반면,[147] 기독교는 전세계에 그 영향력을 계속 확장하고 있다

---

143) Latourette, *The Christian Outlook*, 2.
144) In A History of Christianity, 라투렛은 그것을 "강하신 하나님의 능력"(the exceeding greatness of power)이라 불렀다. 236, 642, 659, 839, 1334, 1335 참조. *In The China That Is To Be*, 그는 그것을 "계속되는 창의적인 추진력"(a continuing creative impulse)으로 불렀다. The ChinaThatIsToBe (Eugene, Oreg.: Oregon State System of Higher Education, 1949), 55.
145) Pitts, "World Christianity," 42. In *A History of the Expansion of Christianity*, vol. 1, 라투렛은 다음과 같이 언급했다: "교회들은 기독교가 일으켰던 원래의 자극으로부터 생겨난 산물들일 뿐만 아니라 많은 사람들의 정신과 경험 그리고 교회들이 놓여 있는 문화들의 산물들이다." 239.
146) Latourette, *A History of Christianity*, xxi.

고 보았던 것이다. 기독교는 다른 어떤 종교보다 더욱 강력한 세력이며 인간의 역사에 끼치는 그 영향력에 대해 그 누구도 예상하지 못했다고 주장하였다.[148] 라투렛은 이것을 '기독교의 독특한 본성'(the unique nature of Christianity)이라고 불렀다.[149]

5. 기독교와 복음의 관계

기독교란 무엇인가? 라투렛은 기독교에 대해 많은 인간적인 요소들을 가지고 있는 다른 종교들처럼, 하나의 종교라는 것을 인정했다.[150] 그는 기독교를 '복음 그 자체' 혹은 그 복음이 외부로 드러난 '외관'이 아니라, '복음의 운송 수단'(the vehicle of the Gospel) 혹은 '복음의 매개자'(the mediator to the Gospel)로 여겼다.[151] 라투렛은 그러므로 기독교를 '복음에 응답한 사람들의 산물'(the production of man's response to the Gospel)로 이해하였다.[152]

라투렛은 복음의 일차적인 관심은 세상에 '하나님의 왕국'을 소개하는 것이라고 믿었고,[153] 하나님의 왕국을 "하나님의 뜻이 행해지고 다스리시는 곳"으로 정의했다.[154] 그는 하나님은 인간들의 필요를 만족시키실 수 있으며 하나님의 선물인 복음은 "인간을 위한 하나님의 최상의 행위"라고

---

147) Latourette, *The Christian Outlook*, 3-5.
148) Latourette, *A History of Christianity*, 33.
149) Latourette, *The Christian Outlook*, 10.
150) Latourette, *Challenge and Conformity: Studies in the Interaction of Christianity and the World of Today* (New York: Harper & Brothers Publishers, 1955), 22-3.
151) Latourette, *The Christian Outlook*, 10, 160, 164.
152) Ibid., 11.
153) Ibid., 164.
154) Ibid.

믿어 하나님 안에서 희망과 기독교의 힘의 근거를 두었다.[155]

"하나님은 역사를 지배하신다. 하나님은 승리하셔야 한다. 그분의 뜻의 성취의 시간과 장소는 부분적으로는 인간의 반응에 따를 수 있으나 (contingent on man's response) 하나님의 의지는 행해져야 하고 실현될 것이다. 인간의 구속을 위해 독생하신 아들을 주셨던 그분의 사랑은 좌절되거나 방해받지 않게 될 것이다. 그 사랑은 널리 퍼져야 한다."[156]

복음의 주요 특징은 개인, 공동체 혹은 인간 사회를 포함하여 복음 자체의 보편성에 있으며 이 복음서로부터 기독교 교회는 시작되었다고 라투렛은 주장했다.[157] 그는 교회를 "모든 믿음이 있는 사람들의 축복된 무리" (the blessed company of all faithful people)라고 정의하고[158] 기독교의 역사는 "인간을 위한 하나님의 활동의 역사이며 역사 속에서 하나님에 대한 인간의 반응의 역사"라고 정의하였다.[159] 교회와 복음의 본질에 대하여, 라투렛은 《세계 기독교 공동체의 출현》(The Emergence of A World Christian Community)에서 더욱 자세히 다루었다.

"그리스도인의 신앙의 본성은 다음에 대한 확신이다. 하나님은 구원자이시다. 그분은 인간의 역사속에서 활동하신다. 그분의 목적과 본성은 오로지 예수안에서 드러난 예수를 통하여 그분은 인간의 구속을 성취하셨다. 그분은 신앙, 희망, 사랑의 공동체가 되셨는데, 이 공동체는 동

---

155) Latourette, *The Christian Outlook*, 10-1; *A History of Christianity*, xxi.
156) Latourette, *The Christian Outlook*, 199.
157) Ibid., 175, 185.
158) Latourette, *Challenge and Conformity: Studies in the Interaction of Christianity and the World of Today* (New York: Harper & Brothers Publishers, 1955), 116.
159) Latourette, *A History of Christianity*, xxi; *Challenge and Conformity*, 116.

시에 그리스도의 몸(성육신하심으로)이며 그 머리이신 그리스도를 모시고 계신다."[160]

라투렛은 복음을 변화하는 환경에 맞추는 것에 대해 지적하고, 이러한 과정에서 많은 일탈들이 일어났다고 주장했다. 이 일탈들은 복음의 본질을 상실했으며 결국 역사에서 사라졌는데 실례로 라투렛은 몬타누스주의, 영지주의, 에비온주의, 공산주의, 국가 사회주의, 파시즘, 러시아 국가주의, 제국주의, 세속주의, 과학적인 접근, 사회주의 등을 열거하였다.

반대로 라투렛은 역사 속에서 복음의 계속성을 강조했다.[161] 다시 말해서 기독교가 죽지 않았음을 강조한 것이다.[162] 라투렛은 이러한 사실을 주저인 《기독교 팽창사》와 《꺼지지 않는 불빛》에서 설명하였다. 그는 복음의 계속성은 역사 속에서 하나님의 계속적인 사역에 의존한다고 믿었다.

"또한 분명히, 하나님은 과거에, 미래에, 그리고 현 환경 속에서 활동하고 계신다. 기독교의 핵심은 하나님의 선물인 영원한 복음이다."[163]

하나님이 일하시는 환경은 주로 그리스-로마문화와 그 다음에는 서양의 문화로 본[164] 라투렛은 서양문화의 우월성을 강조하지 않았고 오히려 복음의 능력을 강조했다. 왜냐하면 문화는 내적인 힘을 가지고 있지 않지만 복음은 가지고 있다고 믿었기 때문이었다. 이 내적인 힘은 라투렛에 있

---

160) Kennth S. Latourette, *The Emergence of A World Christian Community: The Rockwell Lectures on Religion at the Rice Institutes, Houston, Texas* (New Haven: Yale University Press, 1949), 58.
161) Latourette, *The Christian Outlook,* 12, 16, 22, 39.
162) Ibid., 43.
163) Ibid., 17.
164) Ibid., 44.

어서 기독교와 다른 종교들을 구분짓는 중요한 것이었다.[165] 복음은 세상을 변화시키고 구원을 가져오는 '능력이 있는 세력' 혹은 '하나님의 능력'이었다는 점에서 다른 종교와 다른 것이었다.[166]

라투렛은 역사에서 인간의 신앙의 필요성을 강조했다. 거듭남 혹은 사람의 신앙은 하나님의 왕국을 보고 복음의 신비들을 이해할 수 있는 제일의 조건으로,[167] 이러한 신앙 없이는 그 누구도 예수를 메시아로 인정할 수 없다고 믿었다.[168] 기독교, 복음, 역사에 대한 이러한 이해로부터, 라투렛은 인류의 역사에서 예수의 영향력이라는 주제로 이동했다. 예수의 세계적인 영향력은 그의 연구의 주 내용이요 구조였다.

라투렛은 인류의 역사에서 예수의 영향력이 나타난 증거를 네 가지 경험적인 증거, 즉 기독교의 지리적 확장, 새로운 운동의 출현, 도덕적인 영향, 문화에 대한 기독교의 영향과 기독교에 끼친 문화의 영역이라는 경험적인 증거를 가지고 역사를 서술할 것을 주장했다.

---

165) Ibid., 160.
166) Ibid., 29, 180; *Challenge and Conformity*, 121.
167) Latourette, "The Christian Understanding of History," 56; Pointer, "Kenneth Scott Latourette," 421. *A History of Christianity*, xx; *A History of the Expansion of Christianity*, vol. 1, xvii.
168) Latourette, *Christianity through the Ages*, 13.

제3장
객관성의 증거로서의 예수의 영향력

라투렛은 인간의 역사에서 예수의 영향력에 대한 증거를 제시하면서 그의 전체적 그리고 신학적인 시각을 주장하려 노력했다. 《꺼지지 않는 불빛》에서 라투렛은 세 가지 기준, 즉 (1) 지리적 확장; (2) 그 기원이 예수라고 할 수 있는 새로운 운동들의 수와 힘; (3) 개인의 삶과 문명화의 여러 가지 측면에 끼친 예수의 영향을 제시하였다.[169] 《서기》에서 라투렛은 네 번째 기준인 "개인들이 예수를 통하여 일어난 내적인 종교적인 경험에 의해서 형성된 범위"를 더하였다.[170] 《기독교 역사》에서 라투렛은 네 가지 기준들, 즉 (1) 기독교의 폭넓은 지리적인 확장, (2) 신앙으로부터 파생된 많은 운동들, (3) 놀라운 생명력(extraordinary vitality), (4) 인류라는 가족의 여러 부분에 끼치는 영향들(branches of the human family)을 제시했다.[171]

---

169) Latourette, *The Unquenchable Light*, xii.
170) Latourete, *Anno Domini*, 206.
171) Latourette, *A History of Christianity*, xviii.

이 네 가지 기준들을 페인(Ernst A. Payne)은 세 가지로 줄였다. 즉, (1) 지리적, (2) 어떤 지역 혹은 시기에서의 기독교의 활력, (3) 전체적으로 인류에 끼친 기독교의 영향이다.[172] 그리고 바흐맨(Bachmann)은 이것을 세 가지로 축소시켰다. 즉, (1) 기독교의 지리적 확장, (2) 기독교로부터 유래한 운동들의 활력, (3) 인류 종족에 끼친 기독교의 영향력이다.[173] 하지만 피츠(Pitts)는 이 네 가지 기준들을 다섯 가지로 늘였다. 즉, (1) 통계, (2) 새로운 운동의 출현, (3) 신앙의 지리적 확장 등은 양적인 기준들이었다. 그는 그 다음에 질적인 기준들인 (4) 도덕적인 영향력, (5) 주변 문화에 끼친 그리스도인의 신앙의 영향을 제시했다.[174] 이 책에서는 다음 네 가지 기준을 사용하여 논의를 진행할 것이다. 즉, (1) 기독교의 지리적 확장, (2) 새로운 운동의 출현, (3) 도덕적인 영향, (4) 문화에 대한 기독교의 영향과 기독교에 끼친 문화의 영향 등이다.

라투렛은 예수의 영향력을 자신의 여러 책에서 넷, 다섯, 여섯, 여덟 시기로 나누었다. 하지만 이 책에서는 다음 네 시기로 나누어 논의할 것이다. (1) 1년-500년, (2) 500년-1500년, (3) 1500년-1800년, (4) 1800년-현재 등이다. 역사에서 예수의 영향력 증거를 확인하기 위하여 라투렛은 다음 일곱 가지 질문을 제기했다. 즉, (1) "확장되는 기독교는 무엇이었는가?"; (2) "왜 기독교는 확장되었는가?"; (3) "왜 기독교는 패배를 당했으며 때때로는 단지 부분적으로만 성공하였는가?"; (4) "기독교는 어떤 과정을 거쳐 확장되었는가?"; (5) "기독교는 그 환경에 어떤 영향을 끼쳤는가?"; (6) "기독교에 대한 환경의 영향은 무엇인가?"; (7) "기독교가 확장되었던 그 과정들은 그 환경에 대한 기독교의 영향에 대해 그리고 기독교에 대한 그 환경의 영향에 대해 어떠한 결과를 가지게 되었는가?"[175] 이 일곱 가지 질

---

172) Payne, "The Modern Expansion of the Church," 151.

173) Bachmann, "Kenneth Scott Latourette," 258.

174) Pitts Jr., "World Christianity," 50-60.

175) Latourette, *A History of Christianity*, vol. 1, x-xv.

문들은 다음 네 가지 기준들과 함께 설명되었다. 즉, (1) 기독교의 지리적 확장; (2) 새로운 운동의 출현; (3) 기독교의 도덕적인 영향력; (4) 문화에 끼친 기독교의 영향력과 기독교에 끼친 문화의 영향력 등이다.

1. 기독교의 지리적 확장

종합적이고 연대기적인 개관이라는 시각에서 예수의 영향력을 확인하기 위해 라투렛은 첫 번째 분석 기준으로 기독교의 지리적 확장을 채택하였다. 이 지리적 확장은 인간 역사에서 그 어떠한 종교의 확장보다 훨씬 뚜렷했다.[176] 라투렛은 기독교의 지리적 확장을 연대기순으로 서술했다. 그에 따르면, 기독교는 팔레스틴에서 유대교의 한 분파로 시작되었다. 기독교의 중심 인물은 예수로 사람들은 예수를 십자가상에서 돌아가시고 부활하신 분으로 믿었다. 복음의 보편성(universalism)은 유대인과 이방인 사이의 분열을 깨뜨렸으며, 기독교는 한 세기가 되지 못해 비-유대적이 되었다.[177]

500년 즈음에 로마 인구의 대다수는 그리스도인이 되었다. 더욱이, 기독교는 로마제국을 넘어 아일랜드, 아르메니아, 시리아, 아라비아, 메소포타미아, 인도, 에티오피아, 실론(Ceylon, 인도 남방의 섬나라)까지 영토를 확장해 나아갔다.[178] 로마의 몰락 이후, 기독교는 서양문화의 토대가 되었다.[179] 라투렛은 기독교의 힘의 근원은 '포용력,' '타협하지 않는 충실' (uncompromising adherence), '순교,' '도덕적인 변화'와 기독교의 '치

---

176) Latourette, *A History of Christianity*, vol. 1, Challenge and Conformity, 10; *Anno Domini*, ix.
177) Latourette, *A History of Christianity*, 72, 75.
178) Latourette, *A History of Christianity*, 97; *Anno Domini*, 20-2.
179) Latourette, *The China That Is To Be*, 35.

유의 기적'이었다고 제안했다. 이러한 것들의 근원은 물론 예수였다.[180]

라투렛의 시각에 따르면, 500-1500년 간의 천 년은 '스트레스'(stress)와 '새로운 문화'(a new culture)라고 불렸다.[181] 이 기간은 그리스-로마의 문화로부터 그리스-로마 세계가 갈라 서면서부터 시작되었다. 그리스-로마의 세계는 계속되는 외국의 침략으로 인해 와해되었다. 게르만 민족과 훈족은 5세기에 침략했고, 아바인들(Avars, 코카서스 태생의 민족), 슬라브, 불가리아, 아랍 사람들은 7세기에, 스칸디나비아인들은 8세기 말에, 셀주크 터키인들은 11세기와 12세기에, 몽골인들은 13세기에, 오토만 터키인들은 13-15세기에 침략했다.[182] 이러한 혼란 가운데 예수의 영향력은 폭넓게 계속되었고, 고전 그리스-로마의 문화에 더욱 깊이 뿌리를 내리게 되었다.[183]

라투렛은 문화에 대해서 기독교가 지속적으로 영향력을 끼칠 수 있었던 이유를 "기독교는 지중해 지역의 상류층들의 신앙"이었다는 사실에 두었다.[184] 이교도인 색슨족, 스칸디나비아족, 슬라브민족, 러시아들, 마자르인(Magyars, 헝가리인), 불가리아인, 핀란드인, 라츠인(Latts), 에스토니아인, 동 프러시아인, 리투아니아인들이 기독교를 받아들였다.[185] 기독교를 받아들였다는 것은 정치적, 상업의, 매혹적(magical)인 요소들과 연관되어 있었다. 정치적 그리고 상업적인 요소들은 정복과 식민지화와 관련이 있었고, 매혹적인 요소는 침례라는 기독교의 의식과 연관되어 있었다. 이상하

---

180) Latourette, *A History of Christianity*, 106-8.
181) Latourette, *Anno Domini*, 54.
182) Latourette, *Anno Domini*, 54-57; *A History of the Expansion of Christianity*, vol. 2, 20-1; *The Unquenchable Light*, 21-8.
183) Latourette, "The Present: Post-Christian or Pre-Christian?," 176; *Christianity through the Ages*, 77; *Anno Domini*, 58.
184) Ibid.
185) Latourette, *A History of Christianity*, 381; *Anno Domini*, 62-5; *The Christian Outlook*, 547-8.

게도, 예수의 영향력이 더욱 확장될수록, 실제적인 기독교 신자들의 수는 줄어들었다.[186] 그 이유는 북아프리카와 서아시아에서 이슬람의 영향이 증가하였기 때문에 기독교는 오직 유럽과 서아시아의 일부에서만 영토를 확장할 수 있었다.[187]

1500-1800년 간의 300년 동안은 '개혁과 팽창'(reform and expansion)으로 불렸다.[188] 이 시기의 절정은 개신교와 가톨릭의 종교개혁이었다.[189] 라투렛은 다음과같이 언급하였다.

> "가톨릭과 개신교의 종교개혁은 모든 그리스도인들을 그리스도의 기준으로 인도하려는 노력이었고 전 지구에 신앙을 전파하려는 노력이었다."[190]

영토의 확장은 기독교 부흥운동과 유럽 사람들의 폭넓은 팽창과 관련이 있었다.[191] 루터, 쯔빙글리, 칼빈, 아나뱁티스트들, 경건주의자들과 같은 개혁가들은 새로운 에너지를 보여주었다.[192] 항해자인 핸리(Henry) 왕자, 콜럼버스 등 많은 선교사들은 새로운 영토에 도착하였고 복음을 전파했다. 이 영토들 가운데 인도, 실론(Ceylon, 인도 남방의 섬나라), 버마, 시암, 일본, 중국, 동러시아, 시베리아, 필리핀, 극동, 북미, 멕시코, 페루 등이 영향을 받았다.[193]

1800년부터 현재까지의 시기는 '가장 위대한 영향력의 시대'(the era

---

186) Latourette, *Anno Domini*, 68.
187) Latourette, "New Perspectives in Church History," 436.
188) Latourette, *Anno Domini*, 103.
189) Latourette, "New Perspectives in Church History," 438.
190) Latourette, "The Present: Post-Christian or Pre-Christian?," 178.
191) Latourette, *Anno Domini*, 103.
192) Ibid., 106-9.
193) Latourette, *Anno Domini*, 113-3; *The Unquenchable Light*, 77-9.

of greatest influence)라고 불린다.[194] 라투렛은 19세기는 "기독교가 가장 광범위하게 지리적으로 확장된 시대" 혹은 '개신교의 세기'(the Protestant century)였다고 언급했다.[195] 이 시기의 특징은 부흥회와 놀라운 확장이었다. 존 웨슬리, 찰스 웨슬리, 찰스 피니, 드와이트 무디 같은 부흥운동 사역자들은 YMCA와 YWCA, 구세군과 같은 수많은 자원단체들과 함께 세계에 영적인 희망과 활력을 제공하였고 사회에 예수의 영향력을 크게 증가시켰다.[196] 이러한 부흥운동과 자원운동들은 미국, 캐나다, 남미, 오스트리아, 뉴질랜드, 남아프리카의 많은 사람들을 그리스도로 인도하였다.[197] 기독교 선교사들의 영향력은 일본, 한국, 중국, 태평양 섬들, 버마, 페르시아, 아라비아, 근동, 아프리카, 인도, 러시아, 독일 영토에까지 미쳤다.[198]

2. 새로운 운동의 출현

라투렛의 두 번째 기준은 새로운 운동의 출현이었다. 원래 조그마한 유대교 메시아운동인 기독교가 그리스 - 로마세계의 구조와 삶을 형성하는 주요 종교가 되었다.[199] 라투렛은 예수의 영향력이 지속적인 이유에 대해 세 가지를 제시했다. 첫째, 말씀, 행동, 매너들이 그의 제자들에게 영향을 주었다. 둘째, 예수의 경고성의 신앙(the prophetic faith)은 종교들과 문화적인 지역주의에 이의를 제기하셨다. 셋째, 사랑, 기쁨, 희망, 인내, 친절

---

194) Latourette, *Anno Domini*, 153.
195) Latourette, *A History of the Expansion of Christianity*, vol. 4, 1; *The Unquenchable Light*, vii, 124.
196) Latourette, *Anno Domini*, 157-64.
197) Ibid., 165.
198) Latourette, A History of Christianity, 925-6; Latourette, "New Perspectives in Church History," 451; *Missions Tomorrow*, 42-9.
199) Latourette, *The Christian Outlook*, 44. 87.

과 같은 예수의 성질들은 사람들을 그에게로 그리고 그분의 복음으로 이끌었다.[200] 기독교의 새로운 운동의 출현은 기독교 역사를 통해 세계에서 기독교의 활기찬 생명을 보여주었다고 라투렛은 주장했다.

첫 번째 500년동안 예수의 다양한 영향력의 증거는 영지주의, 몬타누스주의, 마시온주의, 노바티아누스주의, 도나투스주의, 아리우스주의, 단일신론주의, 네스토리우스주의와 같은 새로운 종교운동들의 탄생에서 볼 수 있었다.[201] 이러한 새로운 운동들은 그리스-로마 세계에서 예수의 지속적이고 증가하는 영향력을 보여주었다.

500-1500년 동안 다른 종교운동들이 등장했는데, 그중에서 가장 유명한 것은 950-1350년 사이에 유럽에서 일어난 십자군이었다. 라투렛은 이 십자군을 "신약성서가 복음에 반대되는 것이라고 선언한 이 세상의 방식으로 지상에서 하나님의 왕국을 획득하려는 노력"으로 묘사했다.[202] 베네딕트회, 시토 수도회의(Cistercians), 카말돌리 수도회(Camaldolians), 밸롬브로사 수도회(Vallombrosians), 카투시안 수도회(Carthusians), 도미니카 수도회 등과 같은 새로운 운동들은 남자와 여자에게 영적인 훈련과 선교 의식(sense)를 제공하였다.[203]

1350-1500년 기간은 봉건주의의 사라짐과 스콜라 신학의 부패를 보았다. 반대로, 중세시대의 그리스도인들의 신앙은 르네상스와 인문주의를 제공하였다.[204] 1500-1800년 시기 동안에 기독교는 개신교와 로마 가톨릭 진영 둘 모두에서 개혁과 회복을 경험했다. 하나님의 사랑 오라토리오회(the Oratory of Divine Love), 티아틴 수도회(the Theatines), 캐퓨친 수

---

200) Latourette, *Anno Domini*, 8-10.
201) Ibid., 13.
202) Latourette, *A History of Christianity*, 414.
203) Latourette, *A History of Christianity*, 417; *Anno Domini*, 79-82; *The Unquenchable Light*, 43.
204) Latourette, *A History of Christianity*, 505, 601-4.

도회(the Capuchins), 예수회(Society of Jesus) 등과 같은 가톨릭 단체들이 서양의 기독교 세계와 러시아에 등장했다.[205] 라투렛은 이 시기에 증가된 예수의 영향력은 기독교 안에서 부분적으로는 부흥회에서 보이고, 또 부분적으로는 지리적인 팽창에서, 그리고 부분적으로는 비-유럽 사람들 속에서 보였으며 또 부분적으로는 몇몇 유럽문화에 깊은 인상을 남긴 것으로 보였다고 주장했다.[206] 라투렛은 이 시기 동안 기독교의 가장 영향력 있는 운동들은 개신교, 특히 루터교, 아나뱁티스트, 칼빈주의, 소시누스주의에서 나타났다고 보았다.[207]

1800년 - 현재의 시기 동안, 기독교는 많은 새로운 운동들을 일으켰다. 18세기에 경건주의, 모라비안운동, 미국의 대각성운동, 웨슬리의 부흥회와 같은 일련의 부흥들은 세계에서 예수의 영향력을 보여주었다.[208] 19세기에 웨슬리운동, 찰스 피니, 무디, YMCA, YWCA, 구세군 등과 같은 각성운동들은 개신교와 로마 가톨릭에서 예수의 영향력을 보여주었다.[209] 그리고 이 시기에, 그리스도의 제자들, 감리교, 자유 침례교인들, 크리스챤 사이언스(Christian Science), 몰몬교, 제7일안식교 등과 같은 교파들이 등장했다.[210]

---

205) Latourette, *Anno Domini*, 109-10.
206) Ibid., 218.
207) Latourette, *The Unquenchable Light*, 73-4.
208) Latourette, *A History of Christianity*, 1018; *The Unquenchable Light*, 101-2.
209) Latourette, *A History of Christianity*, 1022-37; *Anno Domini*, 157-61; 72; *A History of the Expansion of Christianity*, vol. 1, 253-71; *A History of the Expansion of Christianity*, vol. 4, 34-7.
210) Latourette, *A History of the Expansion of Christianity*, vol. 4, 38.

3. 도덕적 영향

라투렛의 세 번째 기준은 기독교의 도덕적 영향력이었다. 라투렛의 시각에 따르면, 처음 500년 동안 기독교는 그리스- 로마세계의 도덕적인 기준들을 바꾸었다. 그리스도인들은 사회적인 문제에 깊은 관심을 가졌고 공공의 오락, 노예제도, 성적인 도덕률, 여성과 아이들의 상태, 일부일처제 옹호, 사회적 약자들에 대한 돌봄과 같은 영역에서 진보를 이루었다.[211] 이 시기의 가장 두드러진 특징은 기독교가 그리스- 로마세계의 공식적인 종교가 되었다는 점이다.[212]

500- 1500년 동안에 기독교의 가장 두드러진 특징은 이교 제의들을 척결한 것과 토마스 아퀴나스와 단테의 작품들에 영향을 받은 교회의 교권 구조(hierarchical church)를 만들어낸 것이었다.[213] 십자군들은 기독교의 영향력을 증가시키기 위해 군사력, 사업, 프란시스코 수도사들과 도니니쿠스 수도사들과 같은 활발한 사람들, 민담들을 사용하였다.[214] 기독교는 결혼, 가족의 생활을 강화시켰고 사회적 약자들, 병자들, 고아들에 대한 공공의 관심과 돌봄을 증가시켰다.[215] 500- 1500년 간은 근대 기독교를 준비했다.

1500- 1800년 동안 기독교는 프란시스코(Francisco de Victoria, 1492-1546)와 그로티우스(Hugo Grotius, 1583-1645)와 같은 사람들의 노력으로 국제법을 만드는데 영향을 끼쳤고 여러 지리적인 발견들에도 공헌하였다.[216] 그리고 기독교는 새로운 국가인 미국을 형성하는데 영향을 주

---

211) Latourette, *Anno Domini*, 42-6.
212) Latourette, *A History of the Expansion of Christianity*, vol. 1, 272.
213) Latourette, *The Unquenchable Light*, 42-3.
214) Ibid., 50-3, 58.
215) Latourette, *Anno Domini*, 98; *The Unquenchable Light*, 43.
216) Latourette, *The Unquenchable Light*, 76-7.

었다. 라투렛이 언급했듯이, 기독교 신앙은 "사회적 그리고 도덕적인 개혁과 신약성서의 가르침을 구체화하는 여러 운동들의 근원" 이었다.[217]

1800- 현재 동안 기독교는 영국제국과 미국에서 흑인 노예제도를 폐지했고, 감옥의 여건을 개선시켰으며 인도에서는 여성들의 권리를 신장시켰다.[218] 개신교는 미국의 꿈을 구체화하는 것, 노예 해방, 평화와 금주운동의 시작, 인간애의 성장, 공공 교육의 시작에 상당히 공헌하였다.[219]

4. 기독교와 문화의 상호 영향력

라투렛의 네 번째 기준은 기독교와 문화의 상호 영향력이었다. 라투렛의 시각에 따르면, 첫 번째 500년 동안에 예수의 영향력은 그리스 - 로마 세계에서 공적 그리고 사적인 삶에 영향을 끼쳤다. 사도 바울과 히포의 어거스틴은 종교적인 삶과 사상을 형성했다.[220] 기독교는 인종 그리고 문화적인 장벽들을 무너뜨렸고 로마제국으로 하여금 복음과 대화하도록 하였다.[221] 이제 새로운 종교가 된 기독교는 그리스 - 로마의 세계에서 상대적인 종교와 철학을 쫓아냈고 교권구조적인 교회를 형성하였다.[222] 기독교는 예술, 건축, 문학 등에 영향을 끼쳤다.[223] 라투렛은 가시적인 기관인 교회의 발전과 사도신경, 니케아 신경과 같은 지적인 신앙의 형성을 이 시기의 가장 뚜렷한 특징들로 보았다.[224]

---

217) Latourette, *A History of Christianity*, 969.
218) Latourette, *Anno Domini*, 175, 177, 192, 198.
219) Latourette, *Christianity through the Ages*, 269-70.
220) Latourette, *Anno Domini*, 14.
221) Ibid., 20.
222) Ibid., 23-5.
223) Ibid., 32.
224) Latourette, *A History of Christianity*, 112.

500년-1500년 동안 교회와 수도원들은 '로마제국의 문화'를 보존했고 이것을 후대 세대들에 전달해 주었다.[225] 기독교는 건축, 모자이크, 문학에서 비잔틴 문화에 영향을 주었으며, 또한 보존하였다.[226] 기독교는 문학, 시, 드라마, 예술, 음악, 경제생활, 노예들의 해방, 환자와 가난한 자의 돌봄, 부활절과 크리스마스 절기들을 통하여 서유럽의 문명화에 영향을 주었다.[227]

1500-1800년 동안 가톨릭과 개신교 종교개혁은 러시아, 필리핀 섬들, 영국의 식민지들, 아프리카, 아시아, 극동의 섬들, 인도, 실론, 티벳에서의 기독교 선교활동에 자극을 주었다.[228] 기독교는 코페르니쿠스(Copernicus), 부르노(Giordano Bruno), 케플러(Kepler), 프리스틀리(Joseph Priestly), 데카르트(Rene Descartes), 로크(John Locks), 칸트(Emmanuel Kant) 등의 공헌을 통하여 유럽의 지적인 삶에 영향을 끼쳤다. 기독교는 르네상스의 인문주의를 일으켰으며 그 내용에 영향을 끼쳤다.[229] 기독교는 또한 대학들의 새로운 방법들, 특히 몇몇 독일 대학들의 커리큘럼과 세익스피어의 문학과 같은 위대한 문학, 음악, 예술, 건축, 근대의 정치적 민주주의에도 영향을 끼쳤다.[230] 미국의 발견 이후, 기독교는 새로운 국가 건설에 상당히 공헌하였다.[231]

1800년-현재까지 기독교는 단체들과 사회 관습들에 영향을 끼쳤다. 기독교는 미국의 이상주의(American Idealism), 유엔, 그리고 하버드, 콜

---

225) Ibid., 370.
226) Latourette, *Anno Domini*, 71-3.
227) Latourette, *A History of Christianity*, 553-9; *Anno Domini*, 78, 91-2, 97-8; *A History of the Expansion of Christianity*, vol. 2, 381-5.
228) Latourette, *Anno Domini*, 109, 110, 113, 120, 125.
229) Latourette, *A History of Christianity*, 605.
230) Latourette, *A History of Christianity*, 988, 992; *Anno Domini*, 140, 142-4, 150; *A History of the Expansion of Christianity*, vol. 3, 378.
231) Latourette, *A History of Christianity*, 969.

롬비아, 프린스턴, 시카고대학교와 같은 서양의 교육기관과, 디킨즈(Dickens), 휴고(Victor Hugo), 에머슨(Emerson), 롱펠로우(Longfellow) 등과 같은 문학가에게 영향을 끼쳤다.[232] 미국에서의 기독교 영향력에 대해, 라투렛은 미국의 이상, 민주주의, 노예해방, 알코올 음료반대, 유엔의 형성, 세계의 평화, 여권신장, 개인적인 박애정신들을 열거했다.[233] 라투렛은 "그 시작부터 미국은 그 어떠한 것보다 기독교의 영향을 압도적으로 받았다"고 언급하였다.[234]

서양 이외에도, 기독교 선교사들은 남아프리카의 노예제도와 노예무역에 반대하였다. 서양의 선교사들은 성경을 번역했고, 학교들을 시작했으며, 아프리카인들을 훈련시켜 그들의 질병들을 치료하게 했다.[235] 동인도에서 그들은 수백 개의 학교들을 시작했고, 여권을 신장시켰으며, 많은 교회들을 건축하였다.[236] 동일한 공헌이 중국, 한국, 일본에 체류한 선교사들에 의해 행해졌다.[237]

기독교는 또한 그 환경에 의해 영향을 받았다. 여러 가지 요소들, 즉 인종, 종교, 철학, 예술가들, 문학, 정치, 지리, 기후, 전쟁들이 그리스도인의 삶과 신앙에 영향을 끼쳤다.[238] 기독교는 유대교의 영향 하에서 시작했다.[239] 사도 바울, 마르시온, 히포의 어거스틴과 같은 위대한 기독교 선생들

---

232) Latourette, *Anno Domini*, 174, 179, 180, 182-3, 186; *A History of the Expansion of Christianity*, vol. 7, 116-7.

233) Latourette, *A History of Christianity*, 1268-70; *The Christian Outlook*, 63; *A History of the Expansion of Christianity*, vol. 4, 421; *The Unquenchable Light*, 110-1, 145; *Christianity through the Ages*, 304; *Missions Tomorrow*, 14.

234) Latourette, *A History of Christianity*, 1418.

235) Latourette, *A History of Christianity*, 1305; *A History of the Expansion of Christianity*, vol. 5, 468.

236) Latourette, *A History of Christianity*, 1322.

237) Latourette, *A History of the Expansion of Christianity*, vol. 46, 439; 중국에서의 선교사들의 활동에 대해서는 라투렛의 *The Development of China*를 보라.

238) Latourette, *A History of the Expansion of Christianity*, vol. 1, 300.

은 첫 500년 동안 그들의 가르치는 내용들과 방법들을 그리스의 신화, 로마의 다신론, 아리스토텔레스 철학, 스토아 철학, 플라톤주의와 같은 그리스 철학들로부터 빌려왔다.[240]

500년-1500년 동안 기독교는 슬라브족, 아바르족, 불가리아족, 몇몇 이슬람 국가들과 같은 여러 사람들의 침입을 겪었다. 다각도로 대중문화와 이교 종교들이 그리스도인의 사유와 축제의 형성에 영향을 끼쳤다.[241]

1500년-1800년 동안 르네상스 인문주의는 교회를 위협과 동시에 희망으로 보았던 새로운 지적 세계를 형성했다.[242] 결국 교회는 유럽의 정치적, 경제적인 제국주의와 제휴했다.[243] 1800년-현재까지 기독교는 다윈(Charles Robert Darwin), 쇼펜하우어(Arthur Schopenhauer), 포이에르바하(Ludwig Andreas Feuerbach), 니체(Friedrich Wilhelm Nietzsche), 바그너(Wilhelm Richard Wagner), 헤겔(Ernst Heinrich Haeckel), 콩트(Auguste Comte), 칼라일(Thomas Carlyle), 헉슬리(Thomas Henry Huxley), 스펜서(Herbert Spencer) 등에 의해 지적인 어려움들을 만났다.[244] 신앙을 전파하는데 관여한 유럽 사람들의 팽창과 확장, 새로운 장인들(the new mechanics)과 늘어나는 부, 사적인 그리고 교단의 기업체들은 서양 사회의 방식(pattern)을 형성하였다.[245]

---

239) Latourette, *Anno Domini*, 1.
240) Latourette, *Anno Domini*, 28; *A History of the Expansion of Christianity*, vol. 1, 366; *A History of the Expansion of Christianity*, vol. 2, 416-7; *The Unquenchable Light*, 5-8.
241) Latourette, *Anno Domini*, 97-8.
242) Ibid., 103.
243) Ibid., 103, 115.
244) Latourette, *A History of Christianity*, 1070-3.
245) Latourette, *The Unquenchable Light*, 112-20.

5. 결론: 평가

라투렛의 저서들 가운데 특히 《기독교 팽창사》는 많은 논란을 일으켰다. 그의 신학적인 시각은 피상적이고 비전문적이며 교회론에 대한 그의 이해는 약하다고 평가되었다.[246] 또한 그의 진보사상은 비-성서적이며 19세기와 20세기의 유럽 역사에 대한 그의 평가는 사실과 맞지 않다고 비판받았다. 실례로 베이트스(Searle Bates)는 라투렛이 1960년대의 기독교의 상태와 힘을 너무 과대평가했다고 주장했으며,[247] 라인홀드 니버(Reinhold Niebuhr)는 라투렛을 신학에서의 평신도라고 불렀다. 왜냐하면 라투렛은 그리스도인의 희망과 진보사상을 동일시한 것처럼 보였기 때문이었다.[248]

1949년 미국역사학회(AHA) 앞에서 행한 라투렛의 연설 또한 여러 가지 비판들을 불러일으켰다. 그는 다음과 같이 자신에 대한 반응을 소개했다.

> "제가 기대했던 대로, 반응은 다양했습니다. 저의 전임자들 중 그 누구도 조금이라도 이 영역에 도전한 사람이 없었습니다. 그 모임이 휴회되었을 때, 가톨릭 신부들이 '신학은 완벽합니다'라고 만했다, 빙 청사늘 중 많은 사람이 화를 냈다(disgusted)는 말을 들었습니다. 몇몇 사람들은 그러한 주제에 대한 이야기를 듣기를 원했다면 차라리 교회에 갔을 것이라고 이야기 했습니다."[249]

라투렛의 사상은 역사가들에 의해 상당히 비판받았다. 페인(Ernst A. Payne)은 기독교의 성취에 대한 라투렛의 언급은 서양의 제국주의의 시각

---

246) Bates, "Christian Historian, Doer of Christian History," 318.
247) Ibid., 322.
248) Reinhold Niebuhr, "Christ the Hope of the World," *Religion in Life* 23 (1954), 334-6.
249) Latourette, *Beyond the Ranges*, 115.

을 보여주었으며 현 세계의 상황을 파악하지 못했다고 지적했다. 페인은 세계에서의 현 기독교의 상태는 라투렛이 생각하는 것보다 훨씬 심각하다고 주장했다.[250] 다른 한편, 라투렛의 사상은 많은 교회 역사가들의 환영을 받았다. 그의 의장 연설에서 그리스도인의 신앙과 역사에 대한 언급은 몇몇 사람들에게는 통찰력이 있으며 시의에 적절하다고 인정되었다. 실례로 호그(William Richey Hogg)는 라투렛의 연설을 "기독교 역사가들의 신앙에 대한 가장 주요한 진술"이라고 불렀다.[251] 서양의 시각으로부터 출발하고 신앙에 기초하여 역사를 해석한 라투렛의 주장은, 비록 기독교 역사가들의 임무에 대해 논란을 일으켰던 견해임에도 불구하고 독특했다고 말할 수 있다.[252]

민족주의, 사회주의, 과학만능주의, 객관주의, 물질주의와 같은 모든 주의는 상대적인 가치와 이론들을 절대화하려는 인간의 경향을 보여준다.[253] 역사가들도 그들의 연구를 위해 준거틀(a frame of reference)이 필요하다.[254] 준거틀이 없다면 역사는 초점이 맞지 않으며(unfocused) 일관성이 없다(incoherent). 하나의 그리스도인의 시각은 역사가에게 통찰력이 있고 신뢰할 만한 준거틀로 사용될 수 있다. 웰스(Ronald A. Wells)가 언급했듯이, "종교는 더 이상 이차적인 문제가 아니라 그 자체로 연구되어야 할 중요한 실체이다."[255] 종교는 풍부한 준거틀 혹은 패러다임으로 사용될 수 있다는 것이 필자의 생각이다. 기독교의 역사는 세상의 역사로 사용될 수 없다. 하지만 신자들과 그렇지 않은 사람들은 끝없는 대화를 해야 한

---

250) Payne, "The Modern Expansion of the Church," 148.
251) Hogg, "The Legacy of Kenneth Scott Latourette," 76.
252) Latourette, "A Historian Looks Ahead," 4.
253) George M. Marsden, "What Difference Might Christian Perspectives Make?" in *History and the Christian Historian*, 21.
254) George M. Marsden, "J. Gresham Machen, History, and Truth," *Westminster Theological Journal* 42, no. 1 (fall 1979), 175.
255) Ronald A. Walls, "Introduction," in *History and the Christian Historians*, 3.

다. 기독교의 역사는 "사실들에 대한 경험적이고 과학적인 지식" 위에 세워져야 한다.[256] 그리스도인의 시각과 함께 지리적 확장, 새로운 운동들의 출현, 도덕적인 영향력, 기독교와 문화 상호 간의 영향력과 같은 경험적인 증거들을 사용하는 라투렛의 방법은 교회 역사를 서술하는 좋은 실례이다.

과학과 역사의 대상은 다르다. 과학의 대상은 반복 가능하며 재현할 수 있지만 역사의 대상은 반복할 수 없고 재현할 수도 없다. 과학적인 지식은 절대적인 도덕적 기준이 없다. 역사의 사건들에 대한 이러한 특성들을 고려해 볼 때, 중요한 점은 절대적인 확실성이 아니라 확실성의 가능성(the possibility of certainty)의 문제로 귀결된다. 스트라우트(Strout)가 "역사적인 지식의 권위는 단지 지적으로 확실하고 증명 가능한 탐구의 가능성만을 요구할 뿐이다"라고 말했을 때, 그는 정말로 옳은 말을 했다고 필자는 생각한다.[257]

내시(Nash) 또한 역사적인 지식의 가능성에 대해 통찰력을 제공했다. 그는 불완전한 지식 그 자체의 가치를 주장했다.

"불완전한 인간의 지식이 반드시 거짓은 아니다. 불완전한 인간의 지식은 그것이 계속되는한 여전히 진리일 수 있다."[258]

이러한 사상은 과학도 모든 사실들을 제공할 수 없다는 그의 확신으로부터 왔다.[259] 문제는 어떻게 우리가 더욱 그럴듯하고 합리적인 설명들을 얻을 수 있는가?이다. 그러므로 내쉬는 완벽한 객관성은 불가능하지만, 비판적인 검토와 재검토라는 적절한 방법들을 사용함으로써 역사가는 그의 주관적인 관심사들과 편견들을 극복할 수 있다고 주장했다.[260]

---

256) Marsden, "J. Gresham Machen, History, and Truth," 167, 171.
257) Strout, *The Pragmatic Revolt in American History*, 158.
258) Nash, *Christian Faith and Historical Understanding*, 85.
259) Ibid., 85.

위에서 살펴본대로 역사가인 라투렛은 세계의 역사를 구원사로부터 분리하지 않았다. 그는 기독교 사관으로 인간의 역사를 보았고 이러한 시각을 사용함으로써 경험적인 증거들을 찾으려고 노력했다. 노빅(Novick)이 언급했듯이, 형용사 객관적(objective)이라는 용어는 '권위 있는'(authoritative)을 의미한다.[261] 이러한 점에서, 역사에 대한 라투렛의 접근 방법은 아주 객관적이며 인간적이며 포괄적이다. 썸머스(Jery L. Summers)가 언급한 것처럼, "모든 인간의 시각들은 그것들의 객관성 또는 정확성의 수준에 관계 없이 논의를 위해 열려 있어야 한다."[262] 라투렛의 역사서술 방법과 실행은 이러한 견해에 머물기보다는 더욱 포괄적이고 열려 있는 자세를 취해야 할 것이다.

---

260) Ibid., 90.
261) Novick, *That Noble Dream*, 51.
262) Jerry L. Summers, "Teaching History, the Gospel, and the Postmodern Self," in *History and the Christian Historians*, 3.

제4부

주요 내용 요약과 역사가의 임무

제1장
주요 내용 요약

이 책의 목적은 역사를 객관적으로 쓰는 것의 가능성에 대한 베커와 라투렛의 시각을 비교하고 평가하는 것이었다. 유명한 불가지론자이며 상대론자인 베커는 교회의 역사를 객관적으로 쓰려고 시도하는 역사가들에게 모델이 되었던 라투렛과는 전혀 반대되는 사람이었다.

제1부에서는 교회의 역사를 객관적으로 쓸 가능성에 관련된 현재의 연구 상황에 대해 살펴 보았다. 보든은 미국의 역사서술 유형을 확실성의 시기(1876-1918)와 불확실성의 시기(1906-1900)로 나누었다. 첫 번째 시기에, 랑케의 방법을 따르는 미국의 역사가들은 역사적인 사건들을 객관적(value-free)으로 기록하려는 노력에서 중립적인 객관성을 추구했다. 이러한 노력은 1930년대에 과거를 연구하고 쓰는 일에 '주관적인 관심,' '전제들,' '정신'(the mind)을 강조했던 새로운 상대주의적 시각들의 영향력 아래에서 붕괴되었다. 중립적 객관성을 추구하는 초기의 노력들은 순진한 것으로 조롱받았다. 비어드는 이것을 이룰 수 없는 "고상한 꿈"이라고 불렀다.

제2부에서는 역사를 '상당히 많은 사실들의 모음'으로 추구했던 캠브리지대학교 역사학자들에 대한 베커의 공격과 역사적 진리를 "순수하게 객관적인 것"(a thing purely objective)으로 추구했던 사람들에 대한 베커의 비판을 다루었다. 그는 역사가들에 대한 환경, 목적, 전제들의 영향에 대해 강조했다. 그는 이러한 요소들의 영향력이 배제된 것을 'a detached mind' 혹은 'a dead mind'라고 불렀다. 역사에 대한 그의 상대주의적 견해는 역사적인 사건을 구성하는 것에 대한 그의 이해로부터 베커는 세 가지 질문을 제기했다: 역사적 사실의 본성은 무엇인가? 역사적 사실의 장소 혹은 위치는 어디인가? 역사적 사건의 시간은 언제인가? 그는 역사적 사실들은 말해지고 행해진 것들에 대한 기억이며, 그것들은 역사가의 **정신적인 이미지**(mental images) **혹은 심상들**(pictures) 속에 있으며, 역사적 사실들의 시간은 현재에 있다고 대답했다. 하지만 역사가가 현재에 대해 생각할 때, 그 현재는 이미 과거이며, 과거, 현재, 미래라는 구분은 '허울적 환상'(specious delusion)이라고 주장했다. 베커는 "역사는 말해지고 행해진 것들에 대한 기억이다"라고 결론내렸다.[1]

미국 역사서술에 대한 베커의 공헌은 '역사서술의 목적'과 '그 역사가의 객관성의 한계들'에 대해 논쟁을 불러일으켰다는 점이다.[2] 비어드와 함께 베커는 순수한 혹은 전제가 없는 역사라는 순진한 개념을 무너뜨렸고 그 당시에 미국을 지배했던 '과학적' 혹은 '실증주의적인 역사철학'에 치명타를 날렸다.[3] 과학적인 역사에 대한 베커의 공격은 1930년대와 1940년

---

1) 베커는 "역사의 실체는 오직 현재 경험이라는 문을 통해서만 도달될 수 있다"고 주장했다. 그는 역사는 통계학이나 수학 공식이 아니라 "상상의 창조"(an imaginative creation) 혹은 '개인의 소유'(a personal possession)라고 주장했다. Becker, "Detachment and the Writing of History" in *Detachment and the Writing of History*, 14.
2) Strout, *The Pragmatic Revolt in American History*, 13. 역사 서술을 연구할 때, 브리앙(David O'Brien)은 역사가들은 "그들의 기본적인 전제들을 벗어나려 하고" 그리고 "역사적인 서술의 상대주의를 인정하려고 노력한다"고 주장했다. David O'Brien, "American Historiography and American Culture," 318.

대에 미국 역사학계를 뒤흔들었다. 노빅(Novick)은 "초기 30년대에 비어드와 베커만큼 평판과 영향력에서 필적할 다른 역사가들은 없었다"고 주장했다.⁴⁾ 그 이후, 미국의 역사가들은 "사건들에 대해 더욱 임의적(tentative)이고 주관적으로 접근" 했다.⁵⁾ 이러한 지적인 경향은 과학적 역사를 비판했던 호르(George E. Horr), 록웰(William W. Rockwell), 룬노 (William B. Nunro)에 의해 계속되었다.⁶⁾

비록 과거에 대한 언급들이 바뀔 수 있지만, 우리는 과거 그 자체를 바꿀 수는 없다. 비록 과거에 대한 인간의 지식이 불완전하지만, 그럼에도 불구하고 그것은 과거에 대한 지식이다. 불완전한 증거도 역사의 일부분이다. 역사의 일부분들을 모으면 역사가 된다. '절대적인 확실성'을 요구하는 것은 "역사적인 사유의 본질과 정신에 반대되는 것"이며 불가피하게 '극단적인 회의론'에 굴복하게 된다.⁷⁾ 베커의 영향 때문에 많은 역사가들은 역사보다는 역사 철학에 더욱 관심을 가지게 되었다.⁸⁾

노빅에 따르면, 베커는 역사적인 객관성을 '모순되는 사상'(an incoherent ideal)으로 생각했다. 내시는 베커의 견해를 강한 상대주의라고 기술했다. 이 강한 상대주의에서는 "역사가의 주관성은 너무 크고 피할 수 없어서 과거에 대한 그 어떤 진리에 대한 발견이 불가능하다"고 보았다.⁹⁾ 케언즈에 따르면, 베커는 역사와 인간 이성의 주관적인 측면을 강조했던

---

3) W. Stull Holt, "review of The Pragmatic Revolt in American History: Carl Becker and Charles Beard," by Cushing Strout and Carl Becker's Heavenly City Revised, by Raymond O. Rockwood," *The American Historical Review* 65, no. 2 (January 1960): 398.
4) Ibid., 252.
5) Russell, "The Rewriting of Church History in the Third World," 249.
6) Bowden, "Ends and Means in Church History," 83.
7) Frykenberg, *History & Belief*, 247.
8) John C. Rule, "the review of The Pragmatic Revolt in American History," 219.
9) Nash, *Christian Faith and Historical Understanding*, 80.

철학자들 혹은 역사가들을 따랐다. 그들 중 대부분은 활동하는 역사가들이라기보다는 철학자들이었다. 프라이켄버그는 베커를 허무주의자 그룹에 넣었다.[10] 허무주의자는 과거에 대해서 그 어떤 것도 확실하게 알려질 수 없다고 주장하는 실용주의이거나 아니면 상대주의자이다. 리엔스트라는 베커를 역사를 구성하거나 해석하는 철학자로 여겼다.

제3부에서는 객관성에 대한 라투렛의 견해를 살펴보았다. 라투렛은 '절대적인 과학적 객관성' 혹은 '완전히 객관적인 역사'를 주장하지 않았고 오히려 역사가는 기독교의 역사를 쓸 때 합리적으로 지지할 수 있는 증거와 함께 어느 특별한 시각이 필요하다고 주장했다. 그는 기독교 시각과 전체적-경험적 접근을 결합했고 그의 기독교적 시각은 여러 자료들을 선택하고 조직하며 해석하는 것이 핵심이었다. 이러한 연구의 초점은 역사 안에서의 예수의 영향력이었다. 지구적 혹은 세계적 시각의 기초는 기독교의 지리적 확장과 기독교와 문화의 계속되는 상호 영향에 대한 경험적인 분석이었다. 그는 기독교 역사가들은 확실한 역사적 증거들과 왕성한 (healthy) 대화 속에서 자신들의 개인적인 시각들을 유지해야 한다고 주장했다.

라투렛은 그 이후의 역사가들에게 전체적인 시각과 신앙, 이성, 비판적인 역사 연구의 (창의적인) 긴장을 가질 것을 촉구하였다. 다니엘스 (David D. Daniels)는 미국의 기독교를 가르칠 때 '견해에서의 패러다임의 이동'을 강조했다. 다니엘스에 따르면, 유럽 사람들의 시각에서 옛 이야기는 다양한 인종의 상황에서 지구촌화된 이야기(a globalized narrative)로 대체되었다. 그는 교회 역사가들의 주요 공헌들을 언급함으로써 전체적인 시각으로 미국 기독교의 주요 주제들을 추적했다.

---

10) 프라이켄버그는 역사적 이해의 세 가지 유형들을 도입했다: (1) the triumphalist (doctrinal or ideological); (2) the positivist (scientific or verificationalist); and (3) the nihilist (negative or pragmatist or relativist).

다니엘스는 미국의 기독교에 대해 가르칠 때 전체적인 시각은 최소한 세 가지 주제들을 다루어야 한다고 주장했다. 첫 번째 주제는 '문화적 다양성'(multi-culturalism)과 '다인종주의'(multi-racialism)를 다루어야 한다. 베어드(Roert Baird)는 유럽의 기독교와 미국의 기독교와 함께 복음주의 진영과 비복음주의 진영을 비교하고 대조했다. 두 번째 주제는 자본주의, 소비주의, 인종주의, 성차별사상, 고전주의, 군국주의, 선거 정치학, 교파주의와 같은 주제들을 다루어야 한다. 미드는 원시주의(Primitivism), 선교사 파송, 부흥운동, 반-지성주의, 자원주의, 종교적인 경쟁과 같은 1950년대 미국의 교단들의 특징들을 다루었다. 세 번째 주제는 종교적인 다원주의로 알스트롬(Sidney Ahlstrom), 허드슨(Winthrop Hudson), 마티(Martin Marty)에 의해 연구되었다. 이러한 분석들은 가톨릭, 정교회, 루터교, 흑인 기독교인들을 포함했다.[11] 비록 곤잘레스가 현대가 요구하는 엄격한 특성(the rigid mold)을 비판하면서 역사적 비평방법의 공헌을 인정했지만, 그는 교회 역사가들이 획일적인 객관성을 넘어 과거는 다양한 시각들로부터 읽혀질 수 있다는 것을 인정하는 것으로 나아가야 한다고 촉구했다.[12]

역사가인 누가를 따라서, 많은 기독교 역사가들은 "사회, 경제, 정치, 다른 요소들과 같은 사실들"과 "보이지 않는 것들에 대한 확신(히브리서 11장 1절), 즉 신학적인 시각을 결합하려고 노력했다.[13] 아놀드 토인비(Arnold J. Toynbee, 1885-1975)는 역사가이자 한 사람의 그리스도인으로서 자신의 사명감(vocations)을 조화시키려 노력했다.[14] 보든 역시 이러

---

11) David D. Daniels, "Teaching the History of U.S.ChristianityinaGlobalPerspective," *Theological Education* 29 (spring 1993): 91-5. Cf. Wilbert R. Shenk, "Toward a Global Church History," *International Bulletin of Missionary Research* 20 (April 1996), 50-57.
12) Justo Gonzalez, *The Changing Shape of Church History* (St. Louis, Mo.: Charles Press, 2002), 140-6.
13) Sharpe, "Reflections on Missionary Historiography," 80-1.

한 접근방법을 따랐다. 그는 교회 역사가들에게 '세속적인 지적 기준들'(secular intellectual standards)의 대체물로서 '신학적인 설명들'(theological commentary)을 사용할 것을 촉구하였다.[15]

그렇다면 역사서술의 객관성은 어느 정도로 가능하다고 말할 수 있는가? 노빅의 기준에 따르면, 역사적인 객관성에 대한 라투렛의 태도는 "어렵지만 도달 가능하다"(attainable with difficulty)와 "도달 가능하지 않지만 접근 가능한"(unattainable but approachable) 사이에 속해 있다. 네쉬는 라투렛을 약한 객관주의자로 평가했다. 약한 객관주의자는 역사는 그 역사가의 가치들을 완전히 떠날 수는 없지만, 역사는 비판적인 수정에 열려있기 때문에 임의적인 것이 아니라는 입장이다.[16] 케언즈는 라투렛을 역사와 인간이 성의 객관적인 측면을 강조하는 철학자들과 역사가들 사이에 있는 것으로 평가하였다. 대부분의 사람들은 역사가 그 방법에서 과학만큼 정확할 수 있다고 믿는다. 프라이켄버그는 라투렛을 객관적으로 혹은 과학적으로 역사적인 정보를 얻을 수 있는 가능성을 주장했던 실증주의자라고 평가했다. 리엔스트라에 따르면 라투렛은 철학자나 신학자가 아니라 역사가로서 역사를 연구하고하고 해석하였다. 역사적 객관성에 대한 그의 태도는 접근가능한 것이었다.

---

14) E. Harris Harbison, "The Problem of the Christian Historian: A Critique of Arnold J. Toynbee," *Theology Today* 5 no. 3 (October 1948): 388, 401, 404.
15) Bowden, *Church History in an Age of Uncertainty*, 231.
16) Nash, *Christian Faith and Historical Understanding*, 82.

제 2 장
역사가의 임무

역사가의 임무는 사람들에게 기억을 제공해 주는것이며 가능한 한 기억을 정직하게 유지하는 것이다. 이러한 일은 '문학의 기억상실'(cultural amnesia) 시대라고 일컬어지는 현 상황에 대단히 중요하다. 그 어떠한 역사적인 이야기도 완벽하게 혹은 완전한 객관성을 지닌 체 말해질 수 없다. 그럼에도 불구하고 역사가는 그렇게 해기 위해 노력해야 한다. 신학적인 해석과 철학적인 이론은 가치가 있지만 역사가 임무의 핵심은 아니다. 역사가는 자료들에 대해 조심스럽게 그리고 피편적인 접근으로 이야기들을 모으고 해석해야 한다.

역사가는 객관성과 진리는 똑같지 않다는 사실을 기억하며 객관성을 추구해야 한다. 역사적인 객관성 혹은 공정한(value-free) 역사에 대한 과도한 강조는 역사를 서술하는 것에 대해 회의적인 태도로 끝날 수 있다. 역사가가 하나님처럼 선하고 악의 지식을 알아야 한다는 것은 반 A. 하비(Van Austin Harvey, 1926―)가 "현대판 사탄의 거짓말"이라고 부른 것이다. 역사가가 과거를 접근할 때 "모든 것 아니면 아무 것도 아님"(all-

or-nothing-at all)과 같은 태도를 취하는 것은 적절하지 않다.[17] 하비는 "다양한 정도의 판단, 다양한 시각적 관점, 다양한 묘사, 설명, 언어"가 있다고 주장했다. 역사를 객관적으로 쓸 가능성을 부인하는 것은 그가 "hard perspectivism," 즉 일종의 급진적 상대주의라고 부른 것이다. 역사가의 시야는 "인간적인 솔직함과 열려 있는 마음"이 특징이어야 한다.[18] 역사적인 사건들을 객관적으로 이해하고 이야기하는데 인간적인 한계가 있다 하더라도 역사가가 과거에 대해 진실되고 균형 잡힌 설명을 방해해서는 안된다.

과거를 이해하고 이야기하는 역사가의 끝없는 임무는 인간 존재, 그들의 관계들, 행동들, 상호관계들의 이해를 증가시킨다. 역사적인 작업은 자연과학이나 철학이 아니며 경험적이며 비판적이면서 열심을 가지고 행해져야 한다. 역사가는 합리적으로 평가받을 수 있는 주장과 진술을 해야 하며, 확실하며 균형 잡힌 판단을 해야 하며, 과거에 대해 확실한 판단들이 세워지는 비판적으로 해석된 경험을 사용해야 한다.[19]

역사가들은 더 이상 역사를 "자기스스로 설명하는 것"(self-explanatory)으로 판단하지 않고 인간의 일들을 이해하는 중요한 안내자라고 믿는다.[20] 역사가들은 역사를 전체적으로 설명할 수 없고 단지 역사의 전체의 일부분만을 제공할 뿐이다. 아론(Aron)이 언급하였듯이, "지식은 그 본성상 불완전하고 그것은 끝없이 쌓여지는 것이다."[21] 하지만 역사적인 지식

---

17) Van Austin Harvey, *The Historian and the Believer: The Morality of Historical Knowledge and Christian Belief* (New York: The Macmillan Company, 1966), 206-7.
18) Hard perspectivism는 역사가의 주관적인 측면(왜곡, 관심, 가치, 목적)을 강조하는 것으로, 역사에서 사실과 해석 사이의 차이를 부인한다. Soft perspectivism는 합리적인 구별와 사실이 가리키는 것을 구분 할 가능성을 부인하지 않는다. Ibid., 207-216, 231, 259.
19) Ibid., 38.
20) Stanford, *The Nature of Historical Knowledge,* 178, 186-7.

의 일부분들이 끝없이 쌓여지면 과거에 대한 보다 발전한 인간의 이해를 가능하게 한다.

터치맨(BarbaraW. Tuchman)이 언급한대로, 역사가의 일차적인 임무는 역사를 '조금씩'(by the ounce) 쌓아가는 것이다.

"입증 가능한 조그마한 것들이 역사를 바로잡아 가는 위대한 것이다. 이것 없이는 역사적인 이야기나 해석은 쉽게 근거가 희박한 것이 될 수 있다. 이것(입증 가능한 조그마한 것들)은 엄격히 지켜져야 하며 그것을 사용하고 존중하는 역사가가 진리를 고수하고 발견하게 한다."[22]

사실들을 모으고, 그것들을 이야기 형식으로 배열하고, 확증할 수 있는 증거를 가진 역사가의 시각에 기초한 역사적인 일반화라는 이론(a theory of a historical generalization)을 발견하는 것이 역사가의 기본적인 과업임을 우리는 명심해야 한다.

---

21) Aron, *Introduction to the Philosophy of History*, 337.
22) Barbara W. Tuchman, *Practicing History* (New York: Ballantine Books, 1981), 34.

SELECTED BIBLIOGRAPHY

Primary Sources of Carl Lotus Becker

The History of Political Parties in the Province of New York, 1760-1776. Madison: University of Wisconsin Press, 1909.

Beginnings of the American People. Boston: Houghton Mifflin Company, 1915.

America's War Aims and Peace Program. Washington, D.C.: Committee on Public Information, War Information Series, 1918.

The Eve of the Revolution. New Haven: Yale University Press, 1918.

German Attempts to Divide Belgium. Boston: World Peace Foundation, 1918.

The Struggle for Independence. The Chronicles of America Series, 7. New Haven: Yale University Press, 1918.

The United States: An Experiment in Democracy. New York: Harper, 1920; Reprint with a new introduction by Michael G. Kammen. New Brunswick, N.J.: Transaction Publishers, 2001.

The Declaration of Independence, A Study in the History of Political Ideas. New York: Harcourt, Brace, 1922; Reprint, Birmingham, Ala.: Palladium Press, 2008.

The Spirit of '76 and Other Essays, with J. M. Clark and William E. Dodd. Washington D. C.: The Robert Brookings Graduate School of Economics and Government, 1927; Reprint, New York State American Revolution Bicentennial Commission, 1971: 1-52.

"Everyman His Own Historian." *American Historical Review* 37 (December

1931): 221-36.

The Heavenly City of the Eighteenth Century Philosophers. New Haven: Yale University Press, 1932; Reprint, New Haven: Yale University Press, 1991.

Modern History: The Rise of a Democratic, Scientific, and Industrialized Civilization. New York: Silver Burdett, 1933.

Everyman His Own Historian: Essay on History and Politics. New York: F. S. Crofts & Co., 1935.

Story of Civilization, Showing How, from Earliest Times, Men Have Increased Their Knowledge and Mastery of the World, and Thereby Changed Their Ways in Living in It, with Frederic Duncalf. New York: Silver Burdett, 1938.

The World of Today: How National and International Difficulties Endanger the Peace of the World. New York: Silver Burdett Co., 1938.

Modern Democracy. New Haven: Yale University Press, 1941.

New Liberties for Old. New Haven: Yale University Press, 1941.

Progress and Power. Palo Alto, Calif.: Stanford University Press, 1941.

Cornell University: Founders and the Founding. Ithaca, N.Y.: Cornell University Press, 1943.

How New Will the Better World Be?: A Discussion of Post-War Reconstruction. New York: Knopf, 1944.

Safeguarding Civil Liberty Today: The Edward L. Bernays Lectures of 1944 Given at Cornell University by Carl L. Becker [and Others] and an Address by Edmund Ezra Day. Ithaca, N. Y.: Cornell University Press, 1945.

Benjamin Franklin. Ithaca, N. Y.: Cornel University Press, 1946.

Freedom and Responsibility in the American Way of Life: Five Lectures Delivered on the William W. Cook Foundation at the University of Michigan, December 1945. New York: Vintage Books, 1960.

Books about Becker

Brown, Robert E. *Carl Becker on History and the American Revolution*. East Lansing, Mich.: The Spartan Press, 1970.

Rockwood, Raymond O. *Carl Becker's Heavenly City Revised*. Ed. Ithaca, N. Y.: Cornell University Press, 1958.

Smith, Charlotte Watkins. *Carl Becker: On History and the Climate of Opinion*. Ithaca, N. Y.: Cornell University Press, 1956.

Snyder, Phill L., ed. *Detachment and the Writing of History: Essay and Letters of Carl L. Becker*. Ithaca, N.Y.: Cornell University, 1958.

Strout, Cushing. *The Pragmatic Revolt in American History: Carl Becker and Charles Beard*. New Haven: Yale University Press, 1958.

Review and Article of Becker's Works

Krieger, Leonard. *Review of the Heavenly City of the Eighteenth-Century Historians*. Church History 47 (summer 1978): 279-97.

Primary Sources of Kenneth Scott Latourette[1]

Correspondence of the Reverend Ezra Fisher, Pioneer Missionary of the American Baptist Home Mission Society in Indiana, Illinois, Iowa,

---

1) Bibliographies of Latourette and books and articles on Latourette are compiled largely by Helen B. Uhrich, Ralph Norman, and Raymond P. Morris. "Select Bibliography of Kenneth Scott Latourette" in *Frontier of the Christian World Mission Since 1938: Essay in Honor of Kenneth Scott Latourette,* ed. Wilber C. Harr. New York: Harper & Brothers Publishers, 1962 and William L. Pitts, "World Christianity: The Church History Writing of Kenneth Scott Latourette " (Ph.D. diss., Vanderbilt University, 1969).

and Oregon. Edited by Sarah Fisher Henderson, Nellie Edith Latourette, and Kenneth Scott Latourette. Portland, Oreg.: Privately printed, 1916.

The History of Early Relations between the United States and China, 1784-1844. New Haven: Yale University Press, 1917.

The Development of China. Boston: Houghton, Mifflin, 1917. Second edition, revised, 1920. Third edition, revised, 1924. Fourth edition, revised, 1929. Fifth edition, revised, 1937. Sixth edition, revised, 1946.

The Development of Japan. New York: Macmillan Company, 1918. Second edition, revised, 1926. Third edition, revised, 1931. Fourth edition, revised, 1938. Fifth edition, revised as The History of Japan, 1949. Sixth edition, revised, 1957.

The Christian Basis of World Democracy. New York: Association Press, 1919.

China under the Republic. New York: The Institute of International Education, 1921.

Japan: Suggested Outlines for a Discussion of Japan, Her History, Her Culture, Problems, and Relations with the United States. New York: Japan Society, 1921. Second edition, revised, 1923. Fifth edition, revised, 1928. Sixth edition, revised, 1929. Seventh edition, revised, 1934. Eight edition, revised, 1936.

Voyages of American Ships to China, 1784-1844. New Haven: Connecticut Academy of Arts and Sciences, 1927.

A History of Christian Mission in China. New York: Macmillan, 1929.

What Can I Believe about Christian Missions? New York: Student Volunteer Movement, 1931.

The Chinese: Their History and Culture. 2 vols. New York: Macmillan, 1934.

Missions Tomorrow. New York: Harper, 1936.

Biographical Memoir of Berthold Laufer, 1934. Presented to the Academy at the Autumn Meeting, 1936. 43-68. Washington, D.C.: National Academy of Sciences, Biographical Memoirs, 1936.

A History of the Expansion of Christianity. 7 vols. New York: Harper & Brothers Publishers, 1937-1945.

Toward a World Christian Fellowship. New York: Association Press, 1938.

Anno Domini; Jesus, History and God. New York: Harper & Brothers, 1940.

What Is Christianity? Philadelphia: Judson Press, 1940.

The Unquenchable Light. New York: Harper & Brothers, 1941.

The Gospel, the Church and the World. New York: Harper & Brothers, 1946. Reprint, Freeport, N.Y.: Books for Library Press, 1970.

A Short History of the Far East. New York: Macmillan Company, 1946. Rev. ed., 1951; 3d. ed., 1957.

The United States Moves Across the Pacific: The A. B.C.'s of the American Problem in the Western Pacific and the Far East. New York: Harper & Brothers, 1946.

Problems of Peace in East Asia: A Statement of the Committee on the Eastern Settlement, Kenneth S. Latourette, Chairman. New York: Federal Council of Churches of Christ in America, 1947.

The Christian Outlook. New York: Harper, 1948.

Tomorrow Is Here: The Mission and Work of the Church as Seen from the Meeting of the International Missionary Council at Whitby, Ontario, July 5-24. By Kenneth Scott Latourette and William Richey Hogg. New York: Published for the International Missionary Council by the Friendship Press, 1948.

The China That Is to Be. Eugene, Oreg.: Oregon State System of Higher Education, 1949.

The Emergence of a World Christian Community. New Haven: Yale

University Press, 1949.

Missions and the American Mind. Indianapolis: National Foundation Press, 1949.

World Christian Community in Action: The Story of World War II and Orphaned Missions. With William Richey Hogg. New York: International Missionary Council, 1949.

These Sought a Country. New York: Harper, 1950.

The American Record in the Far East. 1945-1951. New York: Macmillan, 1952.

A History of Christianity. 2d. ed. New York: Harper, 1953.

The Christian World Mission in Our Day. New York: Harper, 1954.

A History of Modern China. Baltimore: Penguin Books, 1954.

Challenge and Conformity: Studies in the Interaction of Christianity and the World of Today. New York: Harper, 1955.

Christian Adventure at Yale: Seventy-Five Years of the Yale Young Men's Christian Association. New Haven: Yale University, 1956.

Introducing Buddhism. New York: Friendship Press, 1956.

Despafiio a los Protestantes. Buenos Aires: Editorial "La Aurola," 1957.

World Service: A History of the Foreign Work and World Service of the Young Men's Christian Associations of the United States and Canada. New York: Association Press, 1957.

Master of the Walking World: An Approach to the Christian Understanding of History. Nashville: Tidings, 1958.

Christianity in a Revolutionary Age: A History of Christianity in the Nineteenth and Twentieth Centuries. 5 vols. New York: Harper, 1958-62.

The Twentieth Century outside Europe: The Americas, the Pacific, Asia, and Africa: The Emerging World Christian Community. New York: Harper & Row, 1962.

Christianity through the Ages. New York: Harper & Row, Publishers, 1965.

Beyond the Ranges: An Autobiography. Grand Rapids: William B. Eerdmans Publishing Company, 1967.

Perspective on the World Mission. New York: American Baptist Foreign Mission Society, n.d.

Articles and Contributions in Books of Latourette

"China and Japan." In *The Study of Nations: An Experiment of Social Education,* ed. Harriet E. Tuell, 125-49. Boston: Houghton Mifflin Company, 1919.

"China, the United States and the War." In *League of Nations,* vol. 2, 167-91. Boston: World Peace Foundation, 1919.

"Trend of Thought in Recent Books on China." In *China Mission Year Book,* 307-14. Shanghai: Christian Literature Society, 1923.

"China as Interpreted to the Occident by the Recent Books." In *China Mission Year Book,* 450-6. Shanghai: Christian Literature Society, 1924.

"American Protestant Denominations and Missions" in *The Church and the World,* ed. Francis P. Miller, 61-9. New York: Association Press, 1926.

"The Christian Mission in Asia." In *East and West: Conflict or Co-operation?* ed. Basil Mathews, 85-111. New York: Association Press, 1936.

"The Church on the Field." In *Interpretive Statistical Survey of the World Mission of the Christian Church: Summary and Detailed Statistics of Churches and Missionary Societies, Interpretative Articles, and Indices,* ed. Joseph I. Parker, 239-42. New York: International Missionary Council, 1938.

"Community and Church: An Historical Survey and Interpretation." In

Church and Community, ed. Kenneth Scott Latourette, Ernest Barker, Marc Boegner, and Others, 1-17. London: Allen & Unwin, 1938.

"Pre-Nineteenth Century Evangelism: Its Outstanding Characteristics." In *Studies in Evangelism,* ed. William Paton, 9-21. New York: International Missionary Council, 1938.

"Roman Catholic Missions." In *Interpretative Statistical Survey of the World Mission of the Christian Church: Summary and Detailed Statistics of Churches and Missionary Societies, Interpretative Articles, and Indices,* ed. Joseph I. Parker, 262-4. New York: International Missionary Council, 1938.

"The Place of Church History in the Training of Missionaries." In *The Life of the Church: International Missionary Council Meeting at Tambaram, Madras December 12th to 29th, 1938,* vol. 4, 271-5. Humphrey Milford, London: Oxford University Press, 1939.

"History and the World Mission of Christianity." In *Students and the World Mission of Christianity: Report of the North American Student Consultation on the World Mission of Christianity, December 27, 1939 to January 1, 1940 at the University of Toronto,* 88-91. New York, 1940.

"The Christian Church in the Last Seventy Years." *Church History* 12 (1943): 28-34.

"Opportunities: In the Far East." In *Protestantism: A Symposium,* ed. William K. Anderson, 217-25. Nashville: Commission on Courses of Study, the Methodist Church, 1944.

"Christianity." In *China,* ed. Harley P. MacNair, 301-11. The United Nations Series, gen. ed. Robert J. Kerner, 301-11. Berkeley and Los Angels: University of California Press, 1946.

"The Propagation of the Gospel by the Roman Catholics." In *Christian World*

Mission, ed. William K. Anderson, 29-37. Nashville: Commission on Ministerial Training, the Methodist Church, 1946.

"Religious Cooperation." In *The United States in the Postwar World: Address Given at the 1945 Summer Conference of the University of Michigan,* ed. W. B. Willcox and R. B. Hall, 65-77. Ann Arbor: University of Michigan Press, 1947.

"Christianity and the Peace Movement." In *The Church, the Gospel, and War,* ed. Rufus M. Jones, 93-110. New York: Harper, 1948.

"Peace with Japan." *Peace Settlements of World War II, May 1948,* ed. Thorsten V. Kalijarvi. In The Annals of the American Academy of Political and Social Science, ed. Thorsten Sellin, 142-50. Philadelphia: The American Academy of Political and Social Science, 1948.

"The Religious Situation in the United States since 1939." In *World Christian Handbook,* ed. Kenneth G. Grubb, 77-87. London: World Dominion Press, 1949.

"The Missionary Outlook Today." In *Official Report* of the Baptist World Alliance, Eight Congress, Cleveland, 1950, ed. Arnold T. Ohrn, 217-64. Philadelphia: Judson Press, 1950.

"The Christian Future." In *The Coming-of-Age of Christianity,* ed. Sir James Marchant, 119-42. Chicago: Henry Regnery Company, 1951.

"What I Believe." *In What I Believe,* selected and arranged by Sir James Marchant, 49-56. London: Odhams Press, 1953.

"Ecumenical Bearings of the Missionary Movement and the International Missionary Council." In *A History of the Ecumenical Movement, 1517-1948,* ed. Ruth Rouse and Stephen Charles Neill, 353-402. Philadelphia: Westminster Press, 1954.

"Latourette, Kenneth Scott." In *Twentieth Century Authors. First Supplement,* ed. Stanley Jasspon Kunitz, 553-4. New York: H. H. Wilson Co.,

1955.

"Serving Overseas." In *They Seek a Country,* ed. Gaius Jackson Slosser, 191-209. New York: Macmillan, 1955.

"The Early Evangelical Missionary Movement in Latin America." In *From Missions to Mission in Latin America,* 3-14. New York: The Committee on Cooperation in Latin America, Division of Foreign Missions of the National Council of Churches of Christ in the U.S.A., 1958.

"Epilogue." In *Forward through the Ages,* ed. Basil Joseph Mathews, 253-9. New York: Friendship Press, 1960.

"The Church and the World in the Nineteenth Century." In *Leo 13 and the Modern World,* ed. Edward T. Gargan, 51-62. New York: Sheed & Ward, 1961.

"Medieval Thought: Christian Conceptions of Life." In *Chapters in Western Civilization,* ed. Contemporary Civilization Staff of Columbia College, Columbia University, vol. 1, 33-64. New York: Columbia University Press, 1961.

"The Christian Understanding of History." In *God, History, and Historians: Modern Christian Views of History,* ed. C.T. McIntire, 46-67. New York: Oxford Press, 1977.

Periodical Articles of Latourette

"Chinese Scholarship: Chinese History as a Field for Research." *The Nation* 102 (10 February 1916): 10-11.

"A Survey of the Work by Western Studies of Chinese History." *The Journal of the North China Branch of the Royal Asiatic Society* 47 (1916): 103-14.

"American Scholarship and Chinese History." *Journal of the American Oriental Society* 38 (1918): 97-106.

"The Christian Scholar in War Time." *The North American Student* 6 (April 1918): 331-4.

"The Question of China." *The Yale Review* 7 (October 1918): 101-17.

"The Training of the American Missionary to China." *International Review of Missions* 7 (October 1918): 445-55.

"What of Our Fears of Japan?" *International Conciliation* 124 (March 1918): 110-29.

"Morals and the Classroom." *The Intercollegian* 39 (November 1919): 5.

"An Unpopular View of the Shantung Question." *Atlantic Monthly* 124 (November 1919): 708-13.

"How the Honor System Really Works." *The Intercollegian* 39 (March 1920): 4.

"Introducing the Freshman: Preparing Him for His College." *The Intercollegian* 38 (October 1920): 14.

"What Magazines Should Students Read?" *The Intercollegian* 38 (December 1920): 8.

"Chinese Historical Studies during the Past Seven Years." *American Historical Review* 26 (July 1921): 703-16.

"The Ethics of the Summer Job." *The Intercollegian* 28 (June 1921): 3.

"Japan and America." *Journal of International Religions* 12 (July 1921): 14-26.

"Some Problems of the Pacific. Two Years after Paris. Changes since the Spring of 1919 in the Far Eastern Problem and the Relation of the United States to It." *The Pacific Review* 2 (September 1921): 287-98.

"Chinese History as a Field for Research." *The Historical Outlook* 13 (January 1922): 13-4.

"The Christian Duty of Study." *The Intercollegian* 39 (May 1922): 1.

"Impressions of Some Present Tendencies in the Christian Movement in China." *The Chinese Recorder* 53 (November 1922): 683-8.

"The Missionary Awakening among Roman Catholics in the United States." *International Review of Missions* 21 (July 1922): 439-44.

"A New Stage in Missions in China." *The Missionary Review of the World* 46 (1923): 93-6.

"Present Conditions in China." *The Yale Review* 12 (April 1923): 562-78.

"Provincialism in American Curriculums." *Educational Review* 65 (April 1923): 222-5.

"The Summer Conference: A Uniquely Successful Institution." *The Intercollegian* 40 (April 1923): 11-2.

"Are Our Campuses a Menace to Peace?" *The Intercollegian* 17 (October 1924): 4-5.

"The Need for a New Puritanism." *The Intercollegian* 41 (February 1924): 1-2.

"Shall I Attend the Big Game?" *The Intercollegian* 42 (November 1924): 1-2.

"American Catholic Missions in China." *The Chinese Recorder* 56 (February 1925): 96-8.

"The Study of the History of Missions." *International Review of Missions* 14 (January 1925): 108-15.

"What of My Home Church?" *The Intercollegian* 42 (June 1925): 270-1.

"Roman Catholic and Protestant Missions in China: Some Comparisons." *International Review of Missions* 16 (April 1927): 161-81.

"What Must We Do If Our Christian Colleges Are to Be Christian?" *Christian Education* 10 (May 1927): 489-95.

"History and the Indigenous Church." *International Review of Missions* 17 (January 1928): 101-18.

"Retaining the Christian Character of Educational Foundations." *International*

Review of Missions 17 (October 1928): 663-74.

"What Is Happening to Missions?" *Yale Review* 18 (autumn 1928): 65-81.

"The Christian College-A Definition and a Program." *Christian Education* 12 (May 1929): 464-73.

"Faculty Responsibility for Student Guidance." An Address to the Western Pennsylvania Faculty Conference, Pittsburg, Pa., 18 October 1929.

"Far Eastern History in the World History Course in the High School." *The Historical Outlook* 20 (March 1929): 109-12.

"The Theological School and the Foreign Mission Enterprise." *Colgate Rochester Divinity School Bulletin* 2 (November 1929): 134-43.

"Unity in the Pacific: America's Share in the Task." *World Unity* 5 (November 1929): 77-82.

"Chinese Historical Studies during the Past Nine Years." *American Historical Review* 35 (July 1930): 778-97.

"Christianity in China." In China, ed. by Henry F. James. Vol. 152, *The Annals of the American Academy of Political and Social Science*, 63-71. Philadelphia: The Academy of Political and Social Science, 1930.

"Toward a Comparative Study of the Spread of Religions." *International Review of Missions* 20 (July 1931): 367-80.

"Research and Christian Missions." *International Review of Missions* 22 (October 1932): 532-46.

"The Layman's Foreign Missions Inquiry: The Report of Its Commission of Appraisal." *International Review of Missions* 22 (April 1933): 153-73.

"The Evangelization of the World in this Generation." *Missionary Review of the World* 57 (December 1934): 565-7.

"A Suggestion toward a Reorientation of Mission Policy." *International Review of Missions* 23 (July 1934): 405-13.

"Blind Leaders of the Blind: Some Reflections on a Current Tendency in American Higher Education." *Religion in Life* 4 (winter 1935): 45-51.

"The Progress of Sinology in the United States." *Nankai Social and Economic Quarterly* 53 (July 1935): 309-15.

"Achieving a World-Wide Fellowship of Christians." *Religion in Life* 5 (1936): 243-53.

"Have We Passed the Age of Religion?" *Journal of Religion* 16 (October 1936): 419-31.

"The Problems of Realizing the Church Universal." *International Review of Missions* 25 (July 1936): 297-305.

"The Christian Missionary Movement of the Nineteenth and Twentieth Centuries: Some Peculiar and General Characteristics." *Catholic Historical Review* 23 (1937-1938): 153-9.

"Distinctive Features of the Protestant Missionary Methods of the Nineteenth and Twentieth Centuries." *International Review of Missions* 26 (October 1937): 441-52.

"Pre-Nineteenth Century Evangelism: Its Outstanding Characteristics." *International Review of Missions* 26 (July 1937): 309-21.

"The Condition of Religion in the United States." *Religion in Life* 7 (summer 1938): 335-45.

The Influence of Christian History." *The Missionary Review of the World* 41 (January, 1938), 7-10.

"Far Eastern Studies at Yale." *Amerasia* 2 (August 1938): 288-92.

"The World Council of Churches." *Missions* 24 (October 1938): 470-3.

"The Vitality of the Younger Churches: A Question and a Possible Answer." *International Review of Missions* 28 (December 1939): 480-90.

"The Madras Conference of the International Council." *The Crozer Quarterly* 16 (April 1939): 126-31.

"The World Fellowship of Christian and World Peace." *International Review of Missions* 28 (July 1939): 347-58.

"Indigenous Christianity in the Light of History." *International Review of Missions* 29 (October 1940): 429-40.

"New Perspective in Church History." *The Journal of Religion* 21 (October 1941): 432-43.

"What Is Christianity?" *World Dominion* 19 (November-December 1941): 354-8.

"Missions and Wars." *International Review of Missions* 31 (October 1942), 394-9.

"Recessions in the Tide of Christian Adventure." *International Review of Missions* 31 (1942): 265-74.

"The Christian Church in the Last Seventy Years." *Church History* 12 (March 1943): 28-34.

"The Effect of the Missionary Enterprise upon the American Mind." *Religion in Life* 7 (winter 1943): 53-70.

"The Future of Japan: An American View." *Pacific Affairs* 17 (June 1944): 190-4. (co-authored with Miner Searle Bates.)

"Pre-War Christian Groups in Asia in Post-War Planning." *International Review of Missions* 33 (April 1944): 138-46.

"The Growing Concept of Catholicity." *Theology Today* 2 (April 1945): 69-76.

"The Humanist and the Christian: A Study in Similarities and Contrasts." *Religion in Life* 14 (autumn 1945): 478-87.

"The World Council in the Post-War Decade." *Christendom* 10 (winter 1945): 19-21.

"A Historical Looks Ahead: The Future of Christianity in the Light of Its Past." *Church History* 15 (March 1946): 3-16.

"The Church in the Anglo-American World: The Post-War Situation."

International Review of Missions 36 (April 1947): 232-52.

"Unoccupied Mission Field." *The Commission* 10 (November 1947): 3.

"The Christian College and University: Why and What Is It?" *College and Church* 13 (September 1948): 4-13.

"The Present Status of Foreign Missions." *Annals of the American Academy of Political and Social Science* 5 (March 1948): 63-71.

"Problems Confronting Christian Missions in the Far East." *Pacific Affairs* 21 (June 1948): 176-85.

"Anno Domini, 1949." *The Baptist Student* 28 (January 1949): 3.

"Charles Harvey Fahs." *International Review of Missions* 38 (January 1949): 75-6.

"The Christian Understanding of History." *The American Historical Review* 54 (January 1949): 259-76.

"From the Past, a Challenge: For the Future, Vision." *The Missionary Herald* 145 (May 1949): 57-61.

"Theological Education and the World-Wide Church." *Andover Newton Bulletin* 43 (December 1950): 37-56.

"Christmas in the Year of Our Lord 1951." *Missions* 149 (December 1951): 596.

"Shadows and Light in the World Mission of Christianity." *Missions* CXLLX (October 1951): 465.

"What Can We Expect in the World Mission?" *International Review of Missions* 40 (April 1951): 141-8.

"The Adventure of the Christian College in Our Day." Commencement address to Kalamazoo (Baptist) College, Kalamazoo, Mich., 9 June 1952. Typescript.

"The Light of History on Current Missionary Methods." *International Review of Missions* 42 (April 1953): 137-43.

"The Stride of God." *Christian Herald* (September 1953): 24-5, 140-3.

"Christ the Hope of the World: What Has History to Say?" *Religion in Life* 23 (summer 1954): 323-33.

"Far Eastern Studies in the United States: Retrospect and Prospect." *Far Eastern Quarterly* 15 (November 1955): 3-11.

"Rethinking Missions after Twenty-Five Years." *International Review of Missions* 46 (April 1957): 164-70.

"The Contribution of the Religion of the Colonial Period to the Ideals and Life of the United States." *The Americas* 14 (April 1958): 340-55.

"Developments in the 'Younger Churches' since Edinburgh, 1910." *Religion in Life* 24 (summer 1960): 352-62.

"Evangelicalism: Continuing Source of Social Reform." *Colgate Rochester Divinity School Bulletin* (June 1962): 7-17.

"The Pope's Ecumenical Council-What's in It for You?" *Christian Herald* (June 1962): 22-3, 56, 58, 61.

"Christianity's Next 20 Fateful Years." *Christian Herald* (May 1963): 18-9.

"Do We Live in a Post-Christian Age? The Present: Post-Christian or Pre-Christian?" *Religion in Life* 33 (1964): 170-9.

"The Present: Post-Christian or Pre-Christian?" *Religion in Life* 33 (spring 1964): 170-9.

"The Exciting American Bible Society Story." *Record* 110 (June 1965): 68-9.

"Protestantism: Reformation, Modern, and Ecumenical." *Review and Expositor* 64 (spring 1967): 195-205.

Articles in Encyclopedias

"Williams, Frederick Wells." In *Dictionary of American Biography*, ed. Dumas Malone, 260-1. New York: Charles Scribner's Sons, 1928-1937.

"Beach, Haren Page." In *Dictionary of American Biography. First Supplement* (to December 31, 1935), ed. Harris E. Starr, 62-3. New York: Charles Scribner's Sons, 1944.

"Missions." *The American Peoples Encyclopedia*, vol. 13 (1948): 589-96.

Articles in Magazine or Newspaper

"The History of American Life-An Experiment in a New Type of College." *The History Teacher's Magazine*, November 1916, 301-2.

"The History of the Far East, a Neglected Field." *The History Teacher's Magazine*, June 1916, 183-5.

"The Far East in American Colleges and Universities." *School and Society*, March 1920, 321-3.

"How Can We Keep Our Colleges Christian?" *The Baptist*, 30 October 1920, 1355-7.

"Are Theological Schools Teaching Peace?" *The Christian Century*, 13 November 1924, 1471-2.

"The Far East in American Education." *School and Society*, 18 January 1930, 69-74.

"The Real Issue in Foreign Missions." *The Christian Century*, April 15 1931, 506-8.

"World Missionary Leaders Confer in International Christian Planting. Spiritual Advancement in Spite of Declining Incomes Urged at Herrnhut." *The Baptist*, 10 September 1932, 894-5.

"Dare a College Be Christian?" *The Christian Century*, 21 March 1934, 386-8.

"How Should Baptists Look at the World Council of Churches?" *The Watchman-Examiner*, 16 March 1939, 273-4.

"The Light That Will Not Go Out. Universal Bible Study 'Brochure' for

1941." *Record* (American Bible Society), October 1941, 132-36.

Section from "The Light That Will Not Go Out." *The Christian Advocate,* 11 December 1941, front page.

"The Head of the Church: His Influence on the Church's Character." *The Christian Advocate,* 15 January 1942, 81.

"The Church and the Resurrection." *The Christian Advocate,* 15 April 1943, 8-9.

"What Do Wars Do to Foreign Missions?" *The Watchman-Examiner,* 6 September 1951, 848-50.

"Latourette, Kenneth Scott." *Current Biography,* November 1953, 341-3.

"Christianity's Chronicler." *Time,* 16 November 1962, 76, 78.

"The Growing and Unchanging World Mission." *The Watchman Examiner,* 31 December 1964, 818-9.

Reviews by Latourette

Review of *Die Evangelische Mission in Fern-und Studost-Asian, Australien, Amerika,* by Julius Richter; and Die *Rhenische Mission in Sudwestafrika,* by Heinrich Driessler. I*nternational Review of Missions* 22 (1933): 580-3.

Review of Catholic Mission History, by Joseph Schmidlin. *International Review of Missions* 23 (1934): 443-4.

Review of *A History of the Modern and Contemporary Far East. A Survey of the Western Contacts with Eastern Asia during the Nineteenth and Twentieth Centuries,* by Paul H. Clyde. Pacific Affairs 11 (March 1938): 132-4.

Review of *Environmental Factors in Christianity,* ed. John Thomas McNeill, Matthew Spinka, and Harold Willoughby. *Journal of Religion* 20

(January 1940): 74-5.

Review of *Into All Lands: The History of the Society for the Propagation of the Gospel in Foreign Parts*, by H. P. Thompson. *Journal of Ecclesiastical History* 3 (October 1952): 243-4.

Review of *Japanese Religion in the Meiji Era*, ed. Kishimoto Hideo, trans. John F. Howes. *Pacific Affairs* 30 (June 1957): 181-2.

Review of *Lights and Shades of Christendom*, by H. Packenham-Walsh. *The Christian Century* 74 (19 June 1957): 761.

Works about Latourette

Bachmann, E. Theodore. "Kenneth Scott Latourette: Historian and Friend." In *Frontiers of the Christian World Mission since 1938*, ed. Wilbur Christian Harr, 231-305. New York: Harper, 1962.

Bainton, Roland H. "In Memoriam: Kenneth Scott Latourette, 1984-1968." *Church History* 38 (March 1969): 121.

Bates, Searle. "Christian Historian, Doer of Christian history: Memory of Kenneth Scott Latourette 1884-1968." *International Review of Mission* 58 (1969): 317-26.

Benz, Ernst. "Kirchengeschichte als Universalgeschichte: Das Lebenswerk von K.S. Latourette." *Saeculum Jahrbuch fur Universalgeschichte* 1 (1950): 487-507.

──────. "Weltgeschichte-Kirchengeschichte-Missionsgeschichte: Die Kirchengeschichtesschreibung Kenneth Scott Latourette." *Kirchengeschichte in Okumenischer Sicht*, 13-38. Leiden: E. J. Brill, 1961.

Hogg, William Richey. "Latourette, Kenneth Scott." In *Weltkirchen Lexicon: Handbuch der Ökumene*, ed. Franklin H. Littell and Hans Hermann Walz, 836. Stuttgart: Kreuz-Verlag, 1960.

_____. "The Legacy of Kenneth Scott Latourette." *Occasional Bulletin of Missionary Research* 2 (July 1978): 74-80.

_____. Review of *Unity of All Christians in Love and Mission: The Ecumenical Method of Kenneth Scott Latourette*, by. Juhani Lindgren. *International Bulletin Missionary Research* 16 (October 1992): 172-3.

Payne, E. A. "The Modern Expansion of the Church: Some Reflections on Dr. Latourette's Conclusions." *Journal of Theological Studies* 47 (1946): 143-55.

Wood, James E. "Kenneth Scott Latourette (1886-1968): Historian, Ecumenicist, and Friend." *Journal of Church and State* 11 (1969): 9-15.

Reviews of Latourette's Works

Addison, James Thayer. Review of *A History of the Expansion of Christianity*, vol. 1, *The First Five Centuries*. *Anglican Theological Review* 20 (January 1938): 50-1.

Baker, Archibald G. Review of *A History of Christian Missions in China*. *Journal of Religion* 9 (1929): 651-3.

Cooke, W. Henry. Review of *The Christian World Mission in Our Day*. *Pacific Historical Review* 23 (November 1954): 409-11.

Culppepper, Hugo H. Review of *Frontier of the Christian World Mission since 1938: Essays in Honor of Kenneth Scott Latourette*, ed. Wilber C. Harr. *Review & Expositor* 59 (October 1962): 531-3.

Hodus, Lewis. Review of *A History of Christian Missions in China*. *American Historical Review* 34 (July 1929): 848-9.

Hope, Norman V. Review of *A History of Christianity*. *The Princeton Seminary Bulletin* 47 (January 1954): 48-9.

Niebuhr, Reinhold. Review of *Christianity in a Revolutionary Age*, vol. 2, *The Nineteenth Century in Europe: The Protestant and Eastern Churches*. *American Historical Review* 66 (October 1960): 126-7.

———. Review of *A History of the Expansion of Christianity*, vol. 3, *Three Centuries of Advance*. *Books* 56 (1939): 27.

Neill, Stephen Charles. Review of *Christianity in a Revolutionary Age*, vol. 4, *The Twentieth Century in Europe: The Roman Catholic, Protestant, and Eastern Churches*. *Religious Education* 57 (November-December 1962): 459-60.

Norwood, P. V. Review of *A History of the Expansion of Christianity*, vol. 7, *Advance through Storm: A .D. 1914 and after, with Concluding Generalizations*. *Anglican Theological Review* 27 (July 1945): 210.

Reid, W. Stanford. Review of *A History of Christianity*. *The Westminster Theological Journal* 16 (May 1954): 205-10.

Westman, Knut B. Review of *A History of the Expansion of Christianity*, vol. 6, *The Great Century in Northern Africa and Asia: A .D. 1800-A. D. 1914*. *International Review of Mission* 34 (1945): 199-202.

Whale, J. S. Review of *Christianity in a Revolutionary Age*, vol. 1, *The Nineteenth Century in Europe*. *International Review of Mission* 27 (1938): 133-5.

———. Review of *A History of the Expansion of Christianity*, vol. 4, *The Great Century: .A. D. 1800-A. D. 1914. Europe and the United States of America*. *International Review of Missions* 30 (1941): 406-10.

———. Review of *A History of the Expansion of Christianity*, vol. 7, *Advance through Storm: A. D. 1914 and after, with Concluding Generalizations*. *International Review of Missions* 136 (1945): 427-9.

Williams, George H. Review of *A History of Christianity*. *American Historical*

Review 59 (1954): 589.

Wight, (Robert James) Martin. Review of *The Prospect for Christianity* (American title: *The Christian Outlook*); and "The Christian Understanding of History." *International Review of Missions* 38 (1949): 488-90.

General Bibliography: Books

Appleby, Joyce, Hunt, Lynn, and Jacob, Margaret. *Telling the Truth about History.* New York: W. W. Norton and Company, 1994.

Aristotle, *Aristotle on the Art of Poetry: An Amplified Version with Supplementary Illustrations,* rev. ed. Lane Cooper. Ithaca, N. Y.: Cornell University Press, 1947.

Aron, Raymond. *Introduction to the Philosophy of History: An Essay on the Limits of Historical Objectivity.* Translated by George J. Irwin. London: Weidenfeld and Nicolson, 1961.

Aubert, Roger. *Church History in Future Perspective.* New York: Herder and Herder, 1970.

Ausubel, Herman. *Historians and Their Craft: A Study of the Presidential Addresses of the American Historical Association, 1884-1945.* New York: Columbia University Press, 1951.

Bauman, Michael and Martin L. Klauber. *Historians of the Christian Tradition: Their Methodology and Influence on Western Thought.* Nashville: Broadman & Holman Publishers, 1995.

Beard, Charles A. "That Noble Dream." In *The Varieties of History: From Voltaire to the Present,* ed. Fritz Stern. New York: Vintage Books, 1972.

Bebbington, David. *Patterns in History: A Christian Perspective in Historical Thought.* Grand Rapids: Baker Book House, 1990.

Bentley, Michael. *Modern Historiography: An Introduction.* New York: Routledge, 1999.

Bowden, Henry Warner. *Church History in An Age of Certainty: Historiographical Patterns in the United States, 1876-1918.* Chapel Hill, N.C.: The University of North Carolina Press, 1971.

_____. *Church History in An Age of Uncertainty: Historiographical Patterns in the United States, 1906-1990.* Carbondale: Southern Illinois University Press, 1991.

Breisach, Ernst. *Historiography: Ancient, Medieval, and Modern.* Chicago: The University of Chicago Press, 1983.

Brown, Colin. *History & Faith: A Personal Exploration.* Grand Rapids, Mich.: Academic Books, 1987.

Burke, Peter., ed. *New Perspectives on Historical Writing.* University Park, Pa.: The Pennsylvania State University Press, 1992.

Buttrick, George Arthur. *Christ and History.* Nashville: Abingdon Press, 1963.

Cairns, Earle E. *God and Man in Time: A Christian Approach to Historiography.* Grand Rapids, Mich.: Baker Book House, 1979.

Carr, Edward Hallett. *What Is History?* New York: Vintage Books, 1961.

Church, Ralph W. *Hume's Theory of the Understanding.* Ithaca, N. Y.: Cornell University Press, 1935.

Clark, Gordon H. *Historiography: Secular and Religious.* Nutley, N. J.: The Craig Press, 1971.

Collingwood, Robin George. *The Idea of History.* Oxford: Oxford University Press, 1946.

Daniels, Robert V. *Studying History: How and Why.* Englewood Cliffs, NJ: Prentice-Hall, INC., 1966.

Davaney, Sheila Greeve. *Historicism: The Once and Future Challenge for Theology.* Minneapolis: Fortress Press, 2006.

Derrida, Jacques. *Of Grammatology.* Translated by Gayatri Chakravorty

Spivak. Baltimore: The Johns Hopkins University Press, 1998.

———. *Writing and Difference*. Translated by Alan Bass. Chicago: The University of Chicago Press, 1978.

Donovan, Timothy Paul. *Historical Thought in America: Postwar Patterns*. Norman, Okla.: University of Oklahoma Press, 1973.

Erickson, Millard J. *Truth or Consequences: the Promise and Perils of Postmodernism*. Downers Grove, Ill.: InterVarsity Press, 2001.

Evans, Richard J. *In Defense of History*. New York: W. W. Norton & Company, 1999.

Fitzsimons, M. A. *The Past Recaptured: Great Historians and the History of History*. Notre Dame: University of Notre Dame Press, 1983.

Fogelin, Robert J. "Hume's Skepticism." In *The Cambridge Companion to Hume*, ed. David Fate Norton. New York: Cambridge University Press, 1993.

Frykenberg, Robert Eric. *History & Belief: The Foundations of Historical Understanding*. Mich.: William B. Eerdmans Publishing Company, 1996.

Garraty, John A. and Mark C. Carnes. *American National Biography, vol. 19*. New York: Oxford University Press, 1999.

Gay, Peter. *Style in History: Gibbon Ranke Macaulay Burckhardt*. New York: W. W Norton & Company, Inc. 1988.

George, Timothy, ed. *Mr. Moody and the Evangelical Tradition*. New York: T & T International Ltd., 2004.

Gershoy, Leo. *Progress and Power*. New York: A. A. Knopf, 1949.

Gilderhus, Mark T. *History and Historians: A Historiographical Introduction*. Englewood Cliffs, N. J.: Prentice Hall, 1996.

Gonzales, Justo. *The Changing Shape of Church History*. St. Louise, Mo.: Charles Press, 2002.

Goodman, L. E. "Six Dogmas of Relativism." In *Cultural Relativism and*

Philosophy: North and Latin American Perspectives, ed. Marcelo Dascal. Leiden, The Netherlands: E. J. Brill, 1991.

Gottschalk, Louis. *Understanding History: A Primer of Historical Method.* 2d ed. New York: Alfred A. Knopf, Inc., 1969.

Greer Jr., Clyde P. "Reflecting Honestly on History." In *Think Biblically: Recovering A Christian Worldview,* ed. John MacArthur. Wheaton, Ill.: Crossway Books, 2003.

Grenz, Stanley J. *A Primer on Postmodernism.* Grand Rapids, Mich.: William B. Eerdmans Publishing Company, 1996.

Harvey, Van A. *The Historian and the Believers: The Morality of Historical Knowledge and Christian Belief.* New York: The Macmillan Company.

Hamerow, Theodore S. *Reflections on History and Historians.* Madison: The University of Wisconsin Press, 1987.

Harr, Wilber C, ed. *Frontiers of the Christian World Mission since 1938: Essays in Honor of Kenneth Scott Latourette.* New York: Harper & Brothers Publishers, 1962.

Haskins, Charles Homer. *The Renaissance of the 12th Century.* New York: Meridian Books, 1957.

_____. *Studies in Mediaeval Culture.* New York: Frederick Ungar Publishing Co., 1958.

_____. *Studies in the History of Mediaeval Science.* New York: Frederick Ungar Publishing Co., 1960.

Hendricks, Luther V. *James Harvey Robinson: Teacher of History.* Morningside Heights, N. Y.: King's Crown Press, 1946.

Hexter, J. H. *Doing History.* Bloomington: Indiana University Press, 1971.

_____. *On Historians: Reappraisals of Some of the Makers of Modern History.* Cambridge, Mass.: Harvard University Press, 1979.

Hengel, Martin. *Acts and the History of Earliest Christianity.* Philadelphia:

Fortress Press, 1980.

Himmelfarb, Gertrude. *Looking into the Abyss: Untimely Thoughts on Culture and Society.* New York: Alfred A. Knopf, 1994.

Horsley, Richard A. *Christian Origins,* ed. Minneapolis, Minn.: Fortress Press, 2005.

Huizinga, Johan. "The Idea of History." In *The Varieties of History: From Voltaire to the Present,* ed. Fritz Stern. New York: Vintage Books, 1972.

Hume, David. *On Human Nature and the Understanding,* ed. Antony Flew. New York: Macmillan Company, 1962.

Iggers, George G. *Historiography in the Twentieth Century: From Scientific Objectivity to the Postmodern Challenge with a New Epilogue.* Middletown, Conn.: Wesleyan University Press, 2005.

James, William. *Pragmatism: A New Name for Some Old Ways of Thinking.* New York: Longmans, Green and Co., 1949.

Johnson, Allen. *The Historian and Historical Evidence.* Port Washington, N.Y.: Kennikat Press, 1965.

Kammen, Michael, ed. *What is the Good of History?: Selected Letters of Carl L. Becker, 1900-1945.* Ithaca, N. Y.: Cornell University Press, 1973.

Laue, Theodore H. Von *Leopold Ranke: The Formative Years.* New Jersey: Princeton University Press, 1950.

Lovejoy, Arthur O. *The Thirteen Pragmatisms and Other Essays.* Baltimore: The Johns Hopkins Press, 1963.

Mandelbaum, Maurice. *The Problem of Historical Knowledge: An Answer to Relativism.* New York: Harper Torchbooks, 1967.

Marshall, I. Howard. *Luke: Historian & Theologian.* 3rd ed. Downers Grove, Illinois, InterVarsity Press, 1998.

McIntire, C.T. ed. *God, History, and Historians: An Anthology of Modern*

  Christian Views of History. New York: Oxford University Press, 1977.

McIntire, C.T. and Ronald A. Wells. ed. *History and Historical Understandng*. Grand Rapids: William B. Eerdmans Publishing Company, 1984.

_____. "Historical Study and the Historical Dimension of Our World." In *History and Historical Understanding*. Grand Rapids: William B. Eerdmans Publishing Company, 1984.

Momigliano, Arnaldo. *Studies in Historiography*. London: Weidenfeld and Nicolson, 1966.

Montgomery, John Warwick. *The Shape of the Past: A Christian Response to Secular Philosophies of History*. Minneapolis, Minn. : Bethany Fellowship, INC, 1975.

Moore, Edward C. *American Pragmatism: Peirce, James, and Dewey*. New York: Columbia University Press, 1961.

Nash, Ronald H. *The Meaning of History*. Nashville: Broadman & Holman Publishers, 1998.

Novick, Peter. *That Noble Dream: The "Objectivity Question" and the American Historical Profession*. New York: Cambridge University Press, 1998.

Parsons, Mikeal C. *Luke: Storyteller, Interpreter, Evangelist*. Peabody, Mass.: Hendrickson Publishers, Inc., 2007.

Pinson, William M. Jr. and Fant, Clyde E. Jr. eds. *Contemporary Christian Trends: Perspectives on the Present*. Waco, Texas: Word Books, 1972.

Poinsatte, Charles R. and Bernard Norling. *Understanding through the American Experience*. Norte Dame: University of Notre Dame Press, 1976.

Ranke, Leopold von. *History of the Reformation in Germany*. Translated by

Sarah Austin. Edited by Robert A. Johnson. London: George Routledge and Sons, 1905.

———. *The Leopold von Ranke Manuscript Collection of Syracuse University: the Complete Catalogue*, ed. by Edward Muir. Syracuse, N.Y.: Syracuse University Press, 1983.

———. *The History of the Popes, Their Church and State, in the Sixteenth and Seventeenth Centuries*. Translated by Walter Keating Kelly. London: George Routledge and Co., 1852.

———. *Universal History: The Oldest Historical Group of Nations and the Greeks*, ed. G. W. Prothero. New York: Harper & Brothers, 1885.

Rienstra, M. Howard. "History, Objectivity, and the Christian Scholar." In *History and Historical Understanding*, ed. C.T. McIntire and Ronald A. Wells, 69-82. Grand Rapids, Mich.: William B. Eerdmans Publishing Company, 1984.

———. "Christianity and History: A Bibliographical Essay." In *A Christian View of History*, eds. George Marsden and Frank Roberts. Grand Rapids, Mich.: William B. Eerdmans Publishing Company, 1975.

Robertson, A. T. *Luke: The Historian in the Light of Research*. New York: Charles Scribner's Sons, 1920.

Robinson, James Harvey. *An Introduction to the History of Western Europe*. Boston: Ginn, 1902-3.

———. *The New History*. New York: Macmillan, 1912.

Seters, John Van. *In Search of History: Historiography in the Ancient World and the Origins of Biblical History*. New Haven: Yale University Press, 1983.

Shafer, Robert Jones, ed. *A Guide to Historical Method Revised*. Homewood, Ill.: The Dorsey Press, 1974.

Speck, William A. "Kenneth Scott Latourette's Vocation as Christian Historian." In *A Christian View of History?*, eds. George Marsden and Frank Roberts. Grand Rapids, Mich.: William B. Eerdmans Publishing Company, 1975.

Stanford, Michael. *The Nature of Historical Knowledge.* New York: Basil Blackwell Ltd., 1987.

Stern Fritz, ed. *The Varieties of History: From Voltaire to the Present.* New York: Vintage Books, 1972.

Stumpf, Samuel Enoch. *Socrates to Sartre: A History of Philosophy.* New York: McGraw-Hill Book Company, 1966.

The Committee on Historiography. *Theory and Practice in Historical Study: A Report of the Committee on Historiography.* New York: Social Science Research Council. N.D.

Tosh, John. *The Pursuit of History: Aims, Methods and New Directions in the Study of Modern History.* New York: Longman, 1984.

Tuchman, Barbara W. *Practicing History Selected Essays.* New York: Ballantine Books, 1982.

Von Lane, Theodore H. *Leonard Ranke: The Formative Years.* Princeton: Princeton University Press, 1950.

Wells, Ronald A. ed. *History and the Christian Historian.* Grand Rapids: William B. Eerdmans Publishing Company, 1998.

Wengert Timothy J. and Brockwell Jr. Charles W., ed. *Telling the Churches' Stories: Ecumenical Perspectives on Writing Christian History.* Grand Rapids, Mich.: William B. Eerdmans Publishing Company, 1995.

Wilken, Robert L. *Remembering the Christian Past.* Grand Rapids, Mich.: William B. Eerdmans Publishing Company, 1995.

Articles

Adams, George Burton. "The American Historical Association, 1884-1909." *American Historical Review* 15 (October 1909): 1-20.

―――――. "Methods of Work in Historical Seminaries." *The American Historical Review* 10 (July 1905): 521-33.

―――――. "History and the Philosophy of History." *The American Historical Review* 14, no. 2 (January 1909): 221-36.

Ahlstrom, Sydney E. "The Problem of the History of Religion in America." *Church History* 39 (January 1970): 224-35.

Bainton, Roland H. *Yesterday, Today, and What Next?: Reflections on History and Hope.* Minneapolis: Augsburg Publishing House, 1978.

Baird, Robert D. "Factual Statements and the Possibility of Objectivity in History." *The Journal of Religious Thought* 26, no. 1 (1969): 5-22.

Beard, Charles Austin. "Editorial." *The Christian Century* 65, no. 38 (September 1948): 963-4.

―――――. "Written History as an Act of Faith." *The American Historical Review* 39, no. 2: 219-31.

Benavides, Gustavo. "There Is Data for Religion." *Journal of the American Academy of Religion* 71, no. 4 (December 2003): 895-903.

Bowden, Henry Warner. Review of Leopold von Ranke and the Shaping of the Historical Discipline. Church History 61 (March 1992): 112-3.

―――――. "Landmarks in American Religious Historiography: A Review Essay." *Journal of the American Academy of Religion* 42 (summer 1974): 128-36.

―――――. "Ends and Means in Church History." *Church History* 54 (March 1985): 74-88.

―――――. "Science and the Idea of Church History: An American Debate."

Church History 36 (September 1967): 308-26.

Brown, William P. "Biblical Faith and History." *Interpretation* 57, no. 2 (April 2003): 115.

Bucher, Glenn R. "Options for American Religious History." *Theology Today* 33 (July 1976): 178-88.

Cairns, C. John. Review of *Carl Becker: On History and the Climate of Opinion,* by Charlotte Watkins Smith. The American Historical Review 62, no. 1 (October 1956): 92-3.

Carrol, Bret E. "Reflections on Regionalism and U.S. Religious History." *Church History* 71, no. 1 (March 2002): 120-31.

Carter, Paul A. "Recent historiography of the Protestant Churches in America." *Church History* 37 (March 1968): 95-107.

Challener, Richard and Jr. Maurice . Lee. "History and the Social Sciences: The Problem of Communications: Notes on a Conference held by the Social Science Research Council." *The American Historical Review* 61 (October 1955-July 1956): 331-38.

Clark, Elizabeth A. "Response to Comments on History, Theory, Text." *Church History* 74, no. 4 (December 2005): 831-6.

Clebsch, William A. "Toward a History of Christianity: Terms for a History of Christianity." *Church History* 43 (March 1974): 5-16.

Counelis, James Steve. "Documentation and Meaning." *The Greek Orthodox Theological Review* 45, nos. 1-4 (2000): 384-91.

Cunliffe, Marcus. Review of *Carl Becker on History and the American Revolution. The American Historical Review* 77, no. 1 (February 1972): 113-5.

Daniels, David D. "Teaching the History of U.S. Christianity in a Global Perspective." *Theological Education* 29 (spring 1993): 91-111.

Dow, Earle Wilbur. "Features of the New History: Approach of Lamprecht's 'Deutsche Geschichte.'" *The American Historical Review* 3 (1897-

1898): 431-48.

Dunning, William A. "Truth in History." *The American Historical Review* 19, no. 2 (January 1914): 217-29.

Evans, G. R. "Ecumenical Historical Method." *Journal of Ecumenical Studies* 31 (winter-spring 1994): 93-110.

Fling, Fred Morrow. "Historical Synthesis." *The American Historical Review* 9, no.1 (October 1903): 1-22.

Gangel, Kenneth O. "Arnold Toynbee: An Evangelical Evaluation." *Bibliotheca Sacra* 134 (April-June 1977): 144-55.

──────. "Arnold Toynbee: The Man and His Message." *Bibliotheca Sacra* 134 (January-March 1977): 52-8.

Gaustad, Edwin S. "American Church History Retrospective: Pilgrim's Progress: From Paper Clips to Floppy Disks." *Religious Studies Review* 19 (April 1993): 130-9.

Gilkey, Langdon B. "The Contribution of Theology to the Comprehension of History." *Perspectives in Religious Studies* 4 (Fall 1977): 192-200.

Gottschalk, Louis. "A Professor of History in a Quandary." *The American Historical Review* 59, no. 2 (January 1954): 273-86.

Harbison, E. Harris. "The Problem of the Christian Historian: A Critique of Arnold J. Toynbee." *Theology Today* 5, no. 3 (October 1948): 388-405.

Hexter, J. H. "Carl Becker, Professor Novick, and Me; or, Cheer Up, Professor N.!" *American Historical Review* (June 1991): 675-708.

Hill, Marvin S. "Secular or Sectarian History? A Critique of No Man Knows My History." *Church History* 43 (March 1974): 78-96.

Hinson, E. Glenn. Review of *the Classical Foundation of Modern Historiography,* by Arnaldo Momigliano. *Review & Expositor* 88 (fall 1991): 465-6.

"History is Not Bunk: We've Got to Break Free of Our Historical Amnesia."

Christianity Today 47, no. 9 (summer 2003): 41.

Holiefild, E. Brooks. Review of the *Evangelical Historians: The Historiography of George Marsden, Nathan Hatch, and Mark Noll*, by Maxie Burch. Church History 66, no. 3 (summer 1997): 664-5.

Hollerich, Michael J. "Religion and Politics in the Writings of Eusebius: Reassessing the First 'Court Theologian.'" *Church History* 59 (September 1990): 309-25.

Holt, W. Stull. Review of the *Pragmatic Revolt in American History: Carl Becker and Charles Beard*, by Cushing Strout. The American Historical Review 65, no. 2 (January 1960): 398-9.

Howard, Thomas A. "Commentary-A 'Religious Turn' in Modern European Historiography?" *Church History* 75, no. 1 (March 2006): 157-62.

Iggers, George G. "The Idea of Progress: A Critical Reassessment." *The American Historical Review* 71, no. 1 (October 1965): 1-17.

————. "The Image of Ranke in American and German Historical Thought." *History and Theory: Studies in the Philosophy of History* 2, no. 1 (1962): 17-40.

Irvin, Dale T. "From One Story to Many: An Ecumenical Reappraisal of Church History." *Journal of Ecumenical Studies* 28, no. 4 (fall 1991): 537-54.

James, J. Franklin. "The American Historical Association, 1884-1909." *The American Historical Review* 15 (October 1909): 1-20.

Tracey K, Jones Jr. "History's Lessons for Tomorrow's Mission." *International Review of Mission* 76 (April 1987): 50-3.

Karras, Valerie A. "Some Ecumenical Principles for Teaching and Writing History." *Journal of Ecumenical Studies* 35, 3-4 (summer-fall): 387-99.

Kley, Edwin Van. Review of *God and Man in Time: A Christian Approach to*

Historiography, by Earle E. Cairns. Calvin Theological Journal 15 (April 1980): 85-7.

Krentz, Edgar. Review of the *Classical Foundations of Modern Historiography*. Currents in Theology and Mission 21 (January 1994): 222.

Lee, Dwight E. and Robert N. Beck. "The Meaning of 'Historicism.'" *The American Historical Review* 59, no. 3 (1954): 568-77.

Lehmann, Hartmus. "The History of Twentieth-Century Christianity as a Challenge for Historians." *Church History* 71, no. 3 (summer 2000): 585-99.

Levich, Marvin. "Disagreement and Controversy in History." *History and Theory: Studies in the Philosophy of History* 2 (1962): 41-51.

Link, Arthur S. "The Historians Vocation." *Theology Today* 19 (April 1962): 75-89.

_____. "What Happened to the Progressive Movement in the 1920's?" *The American Historical Review* 64, no. 4 (July 1959): 833-51.

Mallard, William. "Method and Perspective in Church History: A Reconsideration." *Journal of the American Academy of Religion* 36, no. 4 (December 1968): 345-65.

Marsden, George M. "J. Gresham Machen, History, and Truth." *Westminster Theological Journal* 42, no. 1 (fall 1979): 157-75.

Matthews, Fred. Review of *The Attack on 'Historicism': Allan Bloom's Indictment of Contemporary American Historical Scholarship*. American Historical Review 95, no. 2 (April 1990): 429-47.

May, Henry F. "The Recovery of American Religious History." *The American Historical Review* 70, no. 1 (October 1964): 79-92.

Mead, Sidney E. "On the Meaning of History." *Christian Century* 78, no. 15 (1961): 1361-4.

Minton, Gretchen E. "'The Same Cause and Like Quarell': Eusebius, John Foxe, and the Evolution of Ecclesiastical History." *Church History*

71, no. 4 (December 2002): 715-42.

Montgomery, John Warwick. "A Critique of Certain Uncritical Assumptions in Modern Historiography." *Journal of the Ecumenical Theological Society* 40 (December 1997): 653-61.

Nadel, George H. "History as Psychology in Francis Bacon's Theory of History." *History and Theory: Studies in the Philosophy of History* 5, no. 3 (1966): 274-87.

Niebuhr, Reinhold. "Christ the Hope of the World." *Religion in Life* 23 (1954): 334-51.

Noll, Mark. "American History through the Eyes of Faith." *Christian Century* 114 (May 1997): 515-9.

──────. "The Challenges of Contemporary Church History, the Dilemmas of Modern History, and Missiology to the Rescue." *Missiology* 24 (January 1996): 47-64.

O'Brien, David. "American Historiography and American Culture." *Cross Currents* 20, no. 3 (summer 1970): 315-30.

Outler, Albert C. "Our Common History as Christians." *Brethren Life and Thought* 3 (spring 1958): 64-73.

Patterson, W. Morgan. "Baptist Historiography in America in the Eighteenth Century." *Review & Expositor* 52 (October 1955): 483-93.

Payne, Ernst A. "The Modern Expansion of The Church: Some Reflections on Dr. Latourette's Conclusions." *Journal of Theological Studies* 47 (1946): 143-55.

Holt, W. Stull. Review of Carl Becker's Heavenly City Revised, ed. by Raymond O. Rockwood." *The American Historical Review* 65, no. 2 (January 1960): 398-9.

Posell, Garth M. "American Church History of Recent Trends and Future Trajectories." *American Theological Library Association Summary of Proceedings* 39 (1985): 214-21.

Rule, John C. Review of *Pragmatic Revolt in American History: Carl Becker and Charles Beard,* by Cushing Strout. History and Theory: Studies in the Philosophy of History 1, no. 2 (1961): 215-9.

Russell, Horace O. Rewriting of *Church History in the Third World,* ed. by John C. B. and Ellen Low Webster. *Review & Expositor* 82 (spring 1985): 247-255.

Sanneth, Lamin and Grant Wacker. "Christianity Appropriated: Conversion and the Intercultural Process." Review of *The Missionary Movement in Christian History: Studies in the Transmission of Faith,* by Andrew F. Walls. *Church History* 68, no. 4 (December 1999): 954-61.

Sharpe, Eric J. "Reflections on Missionary Historiography." *International Bulletin of Missionary Research* 13 (April 1989): 76-81.

Shenk, Wilbert R. "Toward a Global Church History." *International Bulletin of Missionary Research* 20 (April 1996): 50-7.

Smith, Goldwin. "The Treatment of History." *The American Historical Review* 10 (October 1904-July 1905): 511-20.

Soulen, R. Kensall. "The Believer and the Historian: Theological Interpretation and Historical Investigation." *Interpretation* 57, no. 2 (April 2003): 174-86.

Trollinger, William Vance Jr. "Is There a Center to American Religious History?" *Church History* 71, no. 2 (January 2002): 380-5.

Turner, Frederick J. "Social Forces in American History." *The American Historical Review* 16 (January 1911): 217-33.

Walls, Andrew F. "Eusebius Tries Again: Reconceiving the Study of Christian History." *International Bulletin of Missionary Research* 24, no. 3 (July 2000): 105-8, 110-1.

Welemeyer, Jr. J.F. "Survey of United States Historians, 1952, and a Forecast." *The American Historical Review* 61 (October 1955-6): 339-

White, Hayden V. "The Burden of History." *History and Theory: Studies in the Philosophy of History* 5, no. 2 (1966): 111-34.

Wight, Marvin. "Christianity in a World Perspective." *International Review of Mission* 38, no. 152 (October 1942): 488-90.

Wilkins, Burleigh Taylor. Review of *Carl Becker: A Biographical Study in American Intellectual History,* by Burleigh Taylor Wilkins. *The American Historical Review* 67, no. 2 (January 1962): 452-4.

_____. "Pragmatism as a Theory of Historical Knowledge: John Dewey on the Nature of Historical Inquiry." *The American Historical Review* 64, no. 4 (July 1959): 878-90.

Williams, Peter W. "Does American Religious History Have a Center? Reflections." *Church History* 71, no. 2 (January 2002): 386-90.

Young, Robin Darling. "Writing Christian History." *First Things* 19 (January 1992): 41-4.

Zagorin, Perez. "Carl Becker on History: Professor Becker's Two Histories: A Skeptical Fallacy." *The American Historical Review* 62, no. 1 (October 1956): 1-11.

Magazines

Addison, James Thayer. Review of *A History of Christian Missions in China*. *The Churchman* CXXXLX, 27 April 1929, 17.

Handy, Robert T. "The Long Shadow of Philip Schaff." *Christian Century*, 20 January 1988, 45-6.

Hogg, William Richey. "Latourette: Optimistic Historian." *Christian Century*, 15 January 1969, 69-70.

Marty, Martin E. "The Achievement of Kenneth Scott Latourette." *Christian

Century, 13 March 1963, 336-7.

Binsse, Harry L. Review of *Christianity in a Revolutionary Age,* vol. 1, *The Nineteenth Century in Europe: Background and Roman Catholic Phase. The Commonweal,* 12 December 1958, 295-6.

Case, Shirley Jackson. Review of *A History of the Expansion of Christianity,* vol. 1, The First Five Centuries. Books, 12 December 1937, 22.

─────────. Review of *A History of the Expansion of Christianity,* vol. 7, *Advance through Storm. A. D. 1914 and after, with Concluding Generalizations. Weekly Book Review,* 19 August 1945, 12.

Chadwick, Owen. Review of *Christianity in a Revolutionary Age,* vol. 2, *The Nineteenth Century in Europe: The Protestant and Eastern Churches. The Spectator,* 9 December 1960, 955.

"Charles A. Beard and the Writing of History." *The Christian Century,* 22 September 1948, 963-4.

Gruin, Frederick. Review of *A History of the Expansion of Christianity,* vol. 6, *The Great Century in Northern Africa and Asia. A. D. 1800-A. D. 1914. Saturday Review of Literature,* 8 April 1944, 20.

McVey, Kathleen E. "Christian History in Global Perspective: Telling the Whole Story." *Christian Century,* 17-9 July 2002, 28-30.

Miller, Randolph Crump. Review of *The Emergence of a World Christian Community. Churchman,* 1 July 1949, 16.

─────────. Review of *A History of the Expansion of Christianity,* vol. 7, *Advance through Storm. A. D. 1914 and after, with Concluding Generalizations. Churchman,* 1 June 1945, 18.

Moehlman, Conrad Henry. Review of *A History of the Expansion of Christianity,* vol. 1, The First Five Centuries. *Christian Century* 54, 6 October 1937, 1235-6.

Review of *Christianity in a Revolutionary Age,* vol. 3, *The Nineteenth Outside Europe: The America, the Pacific, Asia, and Africa. Times*

(London) *Literary Supplement,* 26 May 1961, 327.

Review of *Christianity in a Revolutionary Age,* vol. 4, *The Twentieth Century in Europe: The Roman Catholic, Protestant, and Eastern Churches.* Times (London) *Literary Supplement,* 25 September 1943, 460.

Ryan, Joseph P. Review of *A History of the Expansion of Christianity,* vol. 5, *The Great Century: In the Americas, Australasia, and Africa. A.D. 1800-A.D. 1914. Commonweal,* 26 February 1943. 477-8.

Smith, Dennis Mack. Review *of Christianity in a Revolutionary Age,* vol. 1, *The Nineteenth Century in Europe: Background and Roman Catholic Phase. Spectator,* 17 April 1959, 558.

Vidler, Alec. Review of *Christianity in a Revolutionary Age,* vol. 1, *The Nineteenth Century in Europe: Background and Roman Catholic Phase.* Manchester Guardian, 8 May 1959, 7.

Dictionary Information

Altochul, Michael. "Charles Homer Haskin." In *American National Biography,* vol. 10, ed. John A. Garry and Mark C. Carnes, 282-4. New York: Oxford University Press, 1999.

Bender, Thomas. "Charles Austin Beard." In *American National Biography,* vol. 2, ed. John A. Garry and Mark C. Carnes, 401-7. New York: Oxford University Press, 1999.

Benson, Bruce Ellis. "Postmodernism." In *Evangelical Dictionary of Theology,* ed. Walter A. Elwell. Grand Rapids, Mich.: Becker Academic, 2001.

Friguglietti, James. "James Harvey Robinson." In *American National Biography,* vol. 18, ed. John A. Garry and Mark C. Carnes, 658-60. New York: Oxford University Press, 1999.

Mancall, Peter C. "Carl Lotus Becker." In *American National Biography*, vol. 2, ed. John A. Garry and Mark C. Carnes, 440-2. New York: Oxford University Press, 1999.

Stephenson, William. "Frederick Jackson Turner." In *American National Biography*, vol. 22, ed. John A. Garry and Mark C. Carnes, 17-20. New York: Oxford University Press, 1999.

Dissertation

Pitts, William L. "World Christianity: The Church History Writing of Kenneth Scott Latourette. " Ph. D. diss., Vanderbilt University, 1969.

Internet Sources

"Book 1889071019." Article on-line. Available from: http://www. baxleystamps.com/lithomeiji 1889071019. Internet. Accessed 27 February 2008.

Conway, Susan. "Missiology Defined" in the Homepage of Kjos Ministries. Article on-line. Available from http://www.crossroad.to/Quotes/ Church/ Conway/missiology. htm. Internet. Accessed 5 April 2008.

Fahs, Charles H. "On Making a Missionary Atlas" Article on-line. Available from http://www.worldmap.org/challenge/. Internet. Accessed 5 April 2008.

Ratzlaff, Gerhard. Review of Gustav Warneck's Missiologisches Erbe, by Hans Kasdorf. Direction 20, no. 1 (spring 1991): 118-19. Article on-line. Available from http://www.directionjournal.org/article/

?709. Internet. Accessed 5 April 2008.

Schirrmacher, Thomas. "William Carey, Postmillennialism and the Theology of World Missions." In Contra Mundum Essay Collection. Article on-line. Available from http://www.contra-mundum.org/ schirrmacher/ careypostmil.html. Internet. Accessed 5 April 2008.

Yabuki. Susumu. "K. Asakawa's View on History: Science Prefers the White Light of Truth: Japan and the World: A Conference on Japan's Contemporary Geopolitical Challenge, in Honor of the Memory of Asakawa Kan-ichi." Article on-line. Available from http:// research.yale.edu/ eastasianstudies/ japanworld/ yabuki.pdf. Internet. Accessed 27 February 2008.

Yabuki. "The Dreamer: Kan'ichi Asakawa: Personal History." Article on-line. Available from http:// www. pref.fukushima.jp/list_e/ym971 _le.html. Internet. Accessed 27 February 2008.